二战经典战役纪实

攻克柏林

THE BATTLE OF BERLIN

二战经典战役编委会 · 编译

中国铁道出版社有限公司
CHINA RAILWAY PUBLISHING HOUSE CO., LTD.

前 言 | 攻克柏林

The Battle of Berlin

柏林，坐落在古老的斯普里河与哈韦尔河汇流处。

13 世纪以前，柏林还只是一个小镇，主要居住者是南斯拉夫人。后来日耳曼一位好战的侯爵，号称"小狗熊"的阿尔贝特征服了南斯拉夫人并把他们赶出了这个地区，从此柏林开始兴盛发展起来。

"柏林"这个名字的原意是"小狗熊"，所以狗熊的图案就成为了柏林的城徽。这种象征的形成不是偶然的，因为号称"小狗熊"的阿尔贝特侯爵是他的第一个征服者。

从此，这个城市的发展总是同这个城市的征服者的势力范围联系在一起。1415 年为勃兰登堡侯国首府，1701 年后为普鲁士王国的首都。此后普鲁士首相俾斯麦通过王朝战争统一了德国，1871 年定为德意志帝国的首都。

后来，它又是希特勒的德意志第三帝国的首都。

征服苏联，占领欧洲，独霸世界，这是法西斯德国的基本国策，也是战争狂人希特勒梦寐以求的目标。

1941 年 6 月 22 日，希特勒以 190 多个师的庞大兵力对苏联不宣而战，德国海陆空三军闪电出击，像一场狂风暴雨，铺天盖地而来。短短几周之内，便占领了苏联大片领土，俄国熊甚至没有还手之力。

此时的希特勒几乎占据了全部的欧洲国家和北非，实际版图比神圣的日耳曼罗马帝国全盛时控制的还要大。美梦似乎已经成真，希特勒的霸业达到了一个光辉的顶点。

无奈莫斯科一战竟成转折，德国渐渐由攻转守，从此走上了下坡路。光辉迅速地黯淡下来。

希特勒做梦都没有想到，几年之后，当初被自己打得落花流水的俄国熊重新奋起，乃至攻守易势，将他和他的最高军事统帅部撵回到这个标有狗熊城徽的城市里。

究竟两只熊孰轻孰重，孰强孰弱？

究竟哪个是真正的英雄，哪个是真正的狗熊？

两只熊的交头和碰撞，究竟是历史的玩笑还是反讽？

柏林，你还是那个征服东方斯拉夫人的"小狗熊"吗？

1945 年 1 月的柏林，寒风凛冽，惨淡凄凉。

这儿依旧是希特勒的首都，大德意志帝国的首都。但是早已经没有了指挥纵横的霸气，反而像是一片风中的枯叶，摇摇欲坠。

占有制空权的盟军飞机不断地狂轰滥炸，柏林陷在一片火海和瓦砾堆中。大量的难民流离失所，许多人在饥饿、暴风雪和战火中悲惨地死去。

但是，在战争最后一个可怕的冬天，柏林上空的这些惊弓之鸟发现，它们觅食的地点整天遭到轰炸，以致自己不得不经常饿着肚子。它们蜂拥着盘旋在高空，愤怒地朝它们头顶的"银色机械鸟"呱呱地叫个不停。入夜，燃烧弹把它们筑在树上的巢穴烧得精光。

大暴风雪来临的时候，这些精疲力竭饥寒交迫的鸟儿丢弃了柏林，拍打着无力的翅膀，无奈地飞进勃兰登堡的公地，像成千上万的难民那样，散落在公地的各个角落，默默地饿死在雪地里。

按照欧洲中世纪的说法，这样大群的乌鸦突然离去则被视作死亡和瘟疫的先兆，厄运即将降临这座为神所弃的城市。

从某种意义上说，这不算是迷信，而是事实。战争已经进入尾声，苏军大兵压境，英美盟军也在步步进逼。柏林成了一座在劫难逃的城市。

柏林人或许还不知道，他们的元首已经悄悄地从西线赶了回来，在市中心一个阴暗的防空洞里建立了自己的最后一个大本营。这是一个象征性的举动，希特勒又向他自导自演的死亡戏剧迈出了一步。他的资本已经不多，他的时日已经不多……

战役备忘 | 攻克柏林

The Battle of Berlin

希特勒 | Adolf Hitler

如果我注定是要失败的话，那么就让德意志民族也灭亡吧，因为它完全辜负了我。

朱可夫 | Georgy K.Zhukow

柏林之战是具有决定意义的。我们的进攻是出乎敌人意料的压倒打击；德国人没有料到这样强大的攻击，抵抗迅速瓦解了。

丘吉尔 | Winston Churchill

我们敌人的无条件投降是在人类历史上迸发最大欢乐的信号。我们感谢上帝给我们最高贵的恩惠，其意义就是我们已经尽了应尽的责任。

崔可夫 | Vasilii Chuikov

1945 年 5 月 1 日，我们是在战斗中度过的。人们得不到睡眠和休息，可是换来的却是举国欢腾，苏联人民和首都莫斯科以及其他城市都欢天喜地。

★ **战争结果**

柏林战役是第二次世界大战中大规模的战略性进攻战役之一。此役，苏军消灭德军 70 个步兵师、23 个装甲师和摩托化师，俘虏德国官兵约 48 万人，缴获火炮 1.1 万门、坦克和强击火炮 1,500 余辆、飞机 4,500 架；苏军损失 30.4 万人，坦克和自行火炮 2,156 辆、火炮和迫击炮 1,220 门、飞机 527 架。苏军打败了德军主力，占领了德国腹地及其首都，迫使德军全面无条件投降。

★ **战役之最**

a. "二战"最大规模的战略性进攻战役；b. 战争史上对敌军实施合围同时予以分割的最大一次方面军群战役；c. "二战"中对抗最激烈的一次城市进攻战役。

★ **作战时间**
1945 年 4 月 16 日至 5 月 8 日

★ **作战地点**
德国首都柏林

★ **作战国家**

苏 军

出动了白俄罗斯第 1、2 方面军、乌克兰第 1 方面军等三个方面军 270 个师和骑兵师，20 个坦克军和机械化军，14 个空军集团军，共 250 万部队，另配属 2450 架飞机、14200 门火炮、1500 辆坦克和自行火炮。

★ **作战将领**

朱可夫 | Georgy K. Zhukov

苏联元帅，在苏联的卫国战争期间，他一直是苏军最高统帅部成员。多次作为最高统帅部代表被派往前线。朱可夫在筹划、准备和指挥莫斯科会战、斯大林格勒会战、库尔斯克会战和柏林战役等一系列决定性战役中，发挥了别人无法代替的、独特而重要的作用。是苏联红军中最著名的统帅，被誉为第二次世界大战中最杰出的将领之一。

凯特尔 | Wilhelm Keitel

德国陆军元帅。1938 年 2 月至 1945 年 5 月为最高统帅部参谋长，是希特勒最亲近的军事顾问和希特勒意志的执行者。代表德国法西斯迫使法国接受屈辱的投降条件，制定一系列训令和命令，对被占领国实施镇压统治。1945 年 5 月代表德国法西斯力量签署投降书。1946 年被纽伦堡国际军事法庭处以绞刑。

德 军

德军出动了 48 个步兵师、9 个摩托化师、6 个装甲师，700 门火炮和迫击炮，500 辆坦克和强击火炮、342 架作战飞机。

★ **战争意义**

此役是"二战"末期的重要战役。粉碎了德军统帅部意欲在柏林附近大量消耗苏军，死守柏林，将战争拖延下去，等待英美军队到达柏林地区，或将柏林交给英美军队，或等英美与苏联发生冲突，借以更多地保全德国战败后利益的图谋。纳粹德国的元首希特勒在战役过程中自杀身亡。战役结束时，德国统帅部代表德国无条件投降。这次战役的结束，标志着德国法西斯的彻底灭亡，是全世界反法西斯战争胜利进程的重要里程碑。

作战示意图 | 攻克柏林

The Battle of Berlin

1945 年 4 月至 5 月，美英盟军和苏联军队在德国境内的作战路线及德军在柏林附近的兵力部署示意图。

目 录 | 攻克柏林

The Battle of Berlin

第一章

困兽犹斗 死守柏林

　　末了，还是希特勒先开口："我已经作出了一个重大决定。我要反攻，在这里，在阿登山脉！"他以左拳猛击摊开的地图："跨过默兹河，直捣安特卫普！"在新近下的大雪的映衬下，身穿白衣的德军，几乎看不见人形，像魔鬼似的从阴霾中冒了出来，12到14个人排成横排，迈着缓慢而可怕的步子向盟军步步进逼。到1月16日，恰恰是希特勒以他最后的兵力作赌注发动攻势的一个月后，德军又回到他们开始攻击的战线。

No.1 亡命赌徒

1944 年 9 月 16 日，希特勒的心脏病第三次发作。

那天，他说他头晕，眼前顿时一片漆黑，心脏跳得很快。他连忙扶着桌子，险些摔倒。90 分钟后，这次病发作过去了。接着，他把莫雷尔医生叫来，打了几针，病痛暂时缓解。

不过，他的心病是任何人都医治不了的。

自从盟军在法国的诺曼底登陆以来，德国受到来自东西两线的夹击。对德军来说，几乎每个星期都是致命性的。

7 月 31 日，盟军在阿夫朗舍完成重大突破。

8 月 2 日，土耳其同德国断交。

8 月 15 日，盟军在法国境内的地中海沿岸登陆。

4 天之后，大批德军被包围在诺曼底的弗莱兹一带。

8 月 20 日，标志着苏联南乌克兰集团军突围开始。

3 天后，罗马尼亚发生政变，并立即对德宣战。

几小时后，保加利亚叛变。

8 月 25 日，盟军开进巴黎。

这些对希特勒的打击是致命的。表面上看，他精神良好，谈笑风生，没有问题。实际上他正处于深深的忧虑之中，并且病情不断恶化。由于腹部痉挛更加严重，他一连三周卧床不起。他对他的秘书莱格夫人说："如果这样痛下去，我活着将没有任何意义。那样的话，我将毫不犹豫地结束我的生命。"

然而，他绝不轻易放过每一份军事简报，并不断发布新的命令。他目光呆滞地走进战图室，在那儿踱来踱去。他颓然坐在座椅上，头沉重地垂在胸前。由于各个战线都在崩溃，他会猛地抬起头来吼一嗓子："不管是谁，不管他的职务有多高，如果胆敢在我面前说出和平而不是胜利，我都要毫不犹豫地拧下他的脑袋！"

在同一天举行的最高级会议散会后，希特勒请四个人进入密室。他们是凯特尔、约德尔、古德里安和戈林的代表克莱佩将军。

希特勒朝约德尔点了点头，约德尔简要地把情况说了一下："我们的盟军不是被消灭，就是试图或正在转向。武装的陆军总数达 900 多万，但在过去 3 个月中伤亡就达 120 多万。东方出现了短暂的间歇，因为苏联的夏季攻势似乎已经结束。但在西线，在阿登山脉，我军正在接受一场真正的考验。"

一听到阿登山脉，希特勒登时又活跃起来。他手一挥，喊道："别提了！"

▲ 面色凝重的希特勒正在阅读来自前线的战况简报。（左）
▲ 希特勒召集高级将领们在"鹰巢"开军事会议。（中）
▲ 阿登战役中向前推进的德军。（右）

室内鸦雀无声。

末了，还是希特勒自己开口："我已经作出了一个重大决定。我要反攻，就在这里，在阿登山脉！"他以左拳猛击摊开的地图："跨过默兹河，直捣安特卫普！"

"如果一切顺利，这次将为消灭 20 到 30 个师的敌军主力拉开序幕，这将成为另一个敦刻尔克。"希特勒吹嘘道。他一扫病态，昂首挺胸，眼睛闪闪发光。

此后好几天，他都充满活力，催促大家赶快为大规模的反攻做好准备。

几天以后，约德尔向希特勒递交了按照元首意图拟定的反攻作战计划。根据这个计划，德军需使用三个集团军的兵力，加上 12 个机械化师和 18 个步兵师。目的是要在宽约 130 公里的战线上强行突破。于次日跨过默兹河，7 天后到达安特卫普。这次战役不但能够消灭美军和英军 30 个师，而且还能在英美两军之间打下一个大大的楔子，致使其惨败主动求和。然后，德国便可以挥师东进，全力对付苏联。

希特勒看后，原则上同意了约德尔的计划草案。

12 月 12 日，希特勒邀请他的将领到新指挥部"鹰巢"的地下暗堡里，听他介绍这次攻势的作战方案。

下午 6 时，希特勒才出来，将领们发现了他们元首的老迈和病容。但希特勒的精神仍然很高涨。将军们原来以为最高统帅会给他们讲一讲反攻的全面军事形势，而他讲的却是政治和历史的大道理：

历史上从来就没有像我们敌人那样的联盟，成分那样复杂，而各自的目的又那样分歧。一方面是极端的资本主义国家，另一方面是极端的马克思主义国家。一方面是垂死的帝国即英国，另一方面是一心想取而代之的原殖民地美国……联盟中的每一个伙伴在参战时都抱有各自的政治野心……美国企图继承英国的衣钵；苏联想要取得巴尔干；英国打算保住它在地中海的地盘……眼前这些国家正在争吵不休，谁能够像蜘蛛那样坐在网中央，注视形势的发展，他就可以观察到这些国家越来越深的矛盾。

如果我们发动几次攻击，这个靠人为力量支撑的共同战线随时随地可能突然垮台……只要我们德国保持不松劲的话。

最要紧的是打破敌人认为胜利在握的信念……战争要看最终哪一方认输。我们任何时候都要让敌人知道，不管他们怎样，他们决不能叫我们投降。决不能！决不能！

希特勒是一个演讲天才，他懂得怎样利用自己的优势，所以放下具体的军事形势和战略部署不讲，而去大谈似乎差之甚远的敌方联盟和我方信念。这是典型的精神灌输和政治教育，此时的希特勒似乎有些黔驴技穷了，把看家本领都用了出来。从谈话中也可以看出希特勒企图苟延残喘死不认输的疯狂劲头，这可以为阿登战役的背景做一个脚注。而他的将军们呢？散会以后，似乎这个动员演说还在他们的耳畔来回盘旋。他们对战役抱有信心吗？不管怎么说，他们还是尽心尽力地按照元首的布置去做，军人以服从命令为天职。

在最高级的会议上，希特勒发布了一道低调的命令说，盟军已经打到德国边境，而在亚的南面已经突破了防线，所以，在他们那方面不会有大规模的战事了，他要求部队死守他们的阵地。

其实这是希特勒愚弄盟军的一条计策。

正是在发布了这个命令后，希特勒在密室里和他的将军们策划了阿登战役的发动。为了欺骗盟军和谍报分子，它给这个计划起了个迷惑人的代号——"监视莱茵河"。

阿登攻势，不仅蒙蔽了西方盟军最高参谋部的将军们，即使德意志帝国属下的大多数将领，开始也被蒙在鼓里。

阿登反攻是希特勒德国垂死之前的孤注一掷。

希特勒像是一个老输的赌棍，赌到了最后，气愤地掏出所有的家当，下一笔赌注，一次定输赢。如果输了，就输个精光拉倒，如果赢了，那就有挽回败局的希望。

正因为如此重要，胜败在此一举，所以希特勒是慎之又慎，谋略于亲信，策划于密室。

为了绝对保密，只有几个人被告知这次反攻计划。各级指挥机构使用不同的暗号，并且每两周更换一次。凡是涉及此次反攻的事情，一律不许用电话或者电报传，各种文件将由宣誓绝不开口的军官们递送。不可靠的部队，比如阿尔萨斯出生的人组成的军队要从前线撤回来。希特勒强调，只有这样，才能瞒过司令部内部的间谍。

后来事实表明，希特勒的保密防范措施产生了极好的效果。直到阿登进攻的第二天，一架盟军飞机才刚刚观察到在山峦耸立的爱弗尔高原上集结了几千辆汽车。

希特勒不无得意地说，艾森豪威尔、布莱德雷将军和蒙哥马利对于未来的战役一直闷在葫芦里。到了这儿，希特勒不无感慨地说："大概他们以为我已经死了，或者起码什么地方长了癌，连水都不能喝了，将会把我从这个地球上一笔勾掉了。"

和每次发动攻势一样，希特勒一直在拖延。10 月间，他说 11 月发动攻势；11 月间，他又说 12 月发动进攻。本来已经定在 12 月 7 日，他又改在了 12 月 14 日。直到 12 月 14 日那天，他才决定 12 月 16 日发动进攻。

希特勒手掌中的骰子翻来翻去，就是不敢轻易地掷出去。因为这是最后的赌注。

No.2 魔鬼前线

光明之神阿波罗降临之前，战神和死神却已经悄无声息地来到了。

1944 年 12 月 16 日凌晨，比利时东南的阿登山脉。著名的"魔鬼前线"。

在弯弯曲曲长达 140 公里的战线上，美军只派了 6 个师把守。3 个是新兵师，3 个是筋疲力尽的劳累之师。其战斗力可想而知。而德军的兵力也强不到哪儿去。近几个月来，双方都在积极休整，彼此察言观色，但是谁也不敢贸然招惹对方。

只是盟军还不知道，德军的兵力已经在发生变化了。

一场激战的序幕就要拉开。

冷森森的阿登山风将鲍克中尉吹醒了。21 岁的他刚刚过了生日，却已经是四年的老兵了。12 月 11 日，他率领美军第 99 师 394 团所属的情报侦察排，在兰茨拉特镇东边的高地上建立了观察所，奉团部之命，密切注意德军动向。

鲍克走到高倍望远镜前，借着白雪的映衬，朦胧中看到德军阵地上似乎有许多车辆和人员在移动。他心中一惊，随即大喊："快，一级战斗准备！"

话音未落，一排炮弹落到观察所前沿。鲍克一时间处于震惊的眩晕中没有缓过神来。他内心一阵悲哀，心想，这下可全完了。

清晨 5 点 30 分，激烈的战斗在"魔鬼前线"全面爆发。在漫长的战线上，迫击炮，火箭炮，

▲ 艾森豪威尔在比利时视察时，与军官们一起喝着茶。

88 毫米口径炮隆隆直响，地动山摇。数以千计的坦克轰轰地向前方开进。沉闷的炮声从后方传来，远程炮将 36 厘米的炮弹射向美军战线后方数公里之外的目标。这是盟军自诺曼底登陆以来第一次遭受这么猛烈的炮火攻击。

一个小时后，炮火停止了。

阵地上出现令人恐怖的沉寂，但是转瞬即逝。在新近下的大雪的映衬下，身穿白衣的德军，几乎看不见人形，像魔鬼似的从阴霾中冒了出来，12 到 14 个人排成横排，迈着缓慢而可怕的步子向盟军步步进逼。

美军吓得大惊失色的新兵和打得筋疲力尽的老兵一起上阵，仓皇迎战。但是终因寡不敌众，只好且战且退。许多地段被突破，德军如入无人之境。

阿登山脉北面，有一个狭窄的山谷，叫洛斯海姆，是东方通向西方的古道，地势险要，只有轻兵把守。早在 1870 年以及 1940 年，德国大军就从这个长 11 公里的走廊里势如破竹地通过。现在，德军又在坦克、装甲车和炮火的掩护下从从容容地通过了山谷。

难道，历史又将重演不成？

黄昏，美军的北部战线业已瓦解。

当阿登山脉炮声隆隆的时候，艾森豪威尔还睡意正浓。

傍晚时候布莱德雷将军从卢森堡来到巴黎。他和艾森豪威尔正在讨论兵员问题的时候，情报部的一个上校悄悄地走进会议室，报告说，德军当天上午在阿登地区发动进攻。

布莱德雷不以为然，认为这只是一次"骚扰性进攻"。艾森豪威尔则头脑清醒得多。"这可不是局部的进攻，"他断言，"德军向我最弱的一环发动局部进攻，这不符合逻辑。"他认为情况紧急，救兵如救火，便命令布莱德雷火速派两个装甲师赶去救援。

德军奇袭初步成功，是由于各种复杂因素促成的。但最主要的是盟军统帅部的自满情绪。每个人都在考虑如何打击敌人，从不考虑敌人可能打击他们。没有人看到德军在埃费尔的集结，没有人预料到德军的行动会超出局部反击的范围，没有人预料到德军会以比 1940 年进攻法国时候更强大的兵力来发动急攻。而且是在同一个地方。

作为盟军统帅，艾森豪威尔接受了人们对他的指责，但是同时他又是第一个看出这次进攻全部意义的人。他认为，虽然这次袭击给盟军造成的损失令人心情沉重，但是事实上希特勒给了盟军一个很好的机会。12 月 17 日上午，艾森豪威尔在给美陆军参谋部的信中写道："如果局势发展顺利，我们应当不仅能够阻止这次进击，而且应当能从中得到好处。"

因此，最高统帅部盟军远征军停止一切进攻，集结一切可能的力量，从两翼夹击突破口，首先从南面向德军出击，然后再从北面合围。

▲ 阿登战役中被俘的美国官兵。

19 日上午，艾森豪威尔在凡尔登召开紧急会议。他强调，默兹河一线必须守住，决不允许德军从西部堡垒当中伸出脖子。所有的司令官都认为，应该坚守巴斯托尼，把德军的突破压缩在从巴斯托尼到圣维特之间 40 公里宽的距离内，然后打击已经发展成一个大包的德军的软腹部。艾森豪威尔汇集了大家的意见后，决定由巴顿用至少 6 个师的兵力发动一次强大的攻击，走挽救危机的关键一步棋。

在凡尔登会议进行的同时，盟军的将军们还不知道巴斯托尼已经被德军团团包围，危在旦夕。

巴斯托尼是比利时的一个小城，周围是地势起伏的乡村，在崎岖不平的阿登山区，这里的地势却异乎寻常地平缓，并且有很好的公路网。这个公路交叉点，是防守阿登森林和其后面默兹河的关键所在。德军占领不了巴斯托尼，就不能越过阿登推进到默兹。盟军如果防守坚固，不但能够阻止曼特菲尔率领的第 5 装甲军沿公路向默兹河上的迪囊进攻，而且能够牵制准备进一步推进的大批德军。

美军在巴斯托尼的这一次抵抗决定着德军的命运。

12 月 18 日凌晨，曼特菲尔装甲部队的前哨已经离巴斯托尼只有 24 公里。这时城里只有美军一个军部的参谋人员。除此以外，炊事兵、勤务兵、汽车兵和乐师倒是不少。只是这些后勤兵的战斗力可想而知。

这些散兵游勇做梦也没有想到，在他们即将成为瓮中之鳖的前一天晚上，在莱姆斯休

整的第 101 空降师奉命以最快速度赶往 160 公里以外的巴斯托尼，大汽车开着灯跑了整整一晚上，在 24 小时内赶到该城，比德军到的稍早一点。

这是一次决定性的行军比赛，德国人输了。

德军虽然包围了巴斯托尼，但是要想绕过它，继续向默兹河推进，是有很大困难的。他们不得不把强大的军队留下来牵制这个公路交叉点，试图把它拿下来。

这是一场血战。一次次的进攻，一次次的反击。此起彼伏，无休无止。双方伤亡极为惨重。小城周围到处是尸体，横七竖八，惨不忍睹。

22 日中午，德军突然暂停进攻。第 47 装甲军司令冯·卢特维茨将军写信给 101 师代师长麦考利夫将军，要求巴斯托尼守军投降。他却收到一封后来流传很广的信，信上只有一个字："呸！"

除了德军在战场正面强大的进攻，最让盟军恐慌之极的是希特勒一手策划的"狮鹫计划"。

执行这一计划的是彪悍的党卫军头目奥托·斯科尔兹内。此人头脑冷静，做事果断，他曾率人把被俘的墨索里尼从盟军的眼皮底下救了出来，是一个敢在盟军肚子里翻江倒海的人物。

早在 1944 年 10 月，苏联大举西攻，匈牙利摄政者霍尔蒂准备向苏军投降，正当他们的代表在莫斯科为争取更好的条款而进行无谓争论的时候，希特勒却派了他最得意的斯科尔兹内前往匈牙利去教训试图背叛德国的领导人。斯科尔兹内以最少的代价完成了这一个任务。所用的方法恐怕也是这次战争中最难以想象的。他绑架了霍尔蒂的儿子，用地毯裹着带到了机场。接着，他只用了一个伞兵营便拿下了霍尔蒂统治匈牙利的城堡。前后只用了半个小时，代价是 7 条人命。

6 天后，希特勒召见了他，并派给了他一个新的任务，这就是后来的"狮鹫计划"。斯科尔兹内在阿登反攻中扮演重要角色，他把敢死队的人扮成美国人，穿美国军服，用美国车辆，在美军后方行动。他们必须夺取默兹河上的桥梁，散布谣言，发布假消息，制造混乱和恐惧。

令希特勒失望的是斯科尔兹内那些化妆成美军的士兵，只有几辆吉普车的人越过了前线，但是这些人对美军造成的破坏却远远超出了"狮鹫计划"所预期的效果。

有一个小队长，竟能让一整团的美军走上错路，而他手下的士兵则在更换路标、剪断电线，忙得不亦乐乎。

另一车装成美军的德军，被一支美军拦住问话时，故意装出惊慌不已的样子，使美军也惊恐起来，随之逃之夭夭。

第三支小分队则把美军布莱德雷司令部与北面指挥官联络的电话切断，使美军指挥部成了聋子和哑巴。

然而，给美军造成破坏最大的，还是斯科尔兹内手下被俘的 4 个人。当这几个俘房向美军情报官员招认了他们的任务以后，美军便立即广播说，在后方，数以万计的德军穿着美军制服，正在进行破坏活动，提醒盟军提高警惕。但是他们怎么也想不到，斯科尔兹内敢死队的惨败却孕育出德军一个很大的胜利。

在整个阿登地区，在荒野的路上，在茂密的丛林中，在荒无人烟的村庄里，50 万美军挤成一团。暗语和识别牌已经不能够再证明身份。接连好几天，有上万的美军被自己的宪兵拦阻，他们必须回答自己出生在哪州哪府，在哪一个棒球队赢得冠军，以便证明自己是美国人。但是，有一些真正的士兵忘记或者根本不知道答案，那么好吧，先关起来再说。

在巴黎，对斯科尔兹内及其敢死队的恐怖已经达到顶峰。有一份歇斯底里的报告说，斯科尔兹内的士兵，穿着牧师和修女的衣裳，刚刚从天而降。据一个俘获的斯科尔兹内的敢死队队员供称，他们的目的地是和平饭店，在那里会师后，以便劫持艾森豪威尔。美国保安人员对这个编造出来的谎言笃信不疑，连盟军最高统帅部四周也装上了铁丝网，卫队人数也翻了两番。大门口停放着坦克，进门的证件被查了又查。若哪扇大门被重重一关，艾森豪威尔办公室的电话便响个不停，询问他们的最高统帅是否还活着。

No.3 垂死挣扎

最高统帅艾森豪威尔答应，如果天气放晴，他给巴顿的反攻提供空中支援。但是老天无情，接连几天都是"希特勒天气"，士兵们不但要同德军作战，还要同雨雪烂泥搏斗。

笃信基督的巴顿找来了随军牧师作祈祷。

或许真的是上帝被感动了。第二天，即巴顿军发起进攻之日，天气骤然放晴。利用这难得的天气，盟军飞机开始无情地袭击德军，从而保证了巴顿反击的顺利展开。

12月23日，阿登天气晴朗，能见度极好。盟军笨重的C－47飞机给巴斯托尼城内的101空降师投下成吨的补给品，战斗机扫射着巴斯托尼四周的德军，P－47飞机用杀伤弹、汽油凝固弹和机关炮猛烈地袭击德军。

德军第二装甲师的一个侦察营在前一天到达迪囊以东5公里的高地，只要发动坦克的汽油和援军一到，就可以沿斜坡直冲默兹河。

然而，未等汽油和援军到来，美军第2装甲师突然从北面打来，巴顿第3集团军3个师也从南面攻上来。德军的第2装甲师被打得七零八落，乱作一团。

覆盖阿登山区的白雪被染红了。对德军来说，现在面临的问题是如何从狭长的走廊地带撤退，以免被切断和消灭。

首当其冲的曼特菲尔给"鹰巢"最高统帅部打电话，他部队的左翼已经暴露，再次请求放弃强渡默兹河。

1945年1月3日，盟军蒙哥马利所部从德军凸出部的侧翼发动了攻击。

德军面临被英美军队反攻切断的危险。

从这一天开始，德军以2个军9个师的兵力向巴斯托尼发起攻击，展开了阿登战役中最激烈的战斗，但结果是节节败退。

到1月16日，恰恰是希特勒以他最后的兵力做赌注发动攻势的一个月后，德军又回到他们开始攻击的战线。

曼特菲尔打电话请求放弃的时候，最高统帅部的约德尔将军反驳说，元首是永远不会同意的。放下电话，这个希特勒得力的参谋长还是鼎力相劝："我的元首，我们必须面对事实。"

希特勒瞪了约德尔一眼，转身走了。

希特勒站在自己的碉堡外，无精打采地注视着 2000 架盟军轰炸机一窝蜂似的在他头上掠过东飞。

在吃午饭的时候，他那位爱挖苦的秘书施罗德追问道："我的元首，我们已经输了这一战，是不是？"

"还没有。"希特勒板着面孔说。

他开始读腓德烈大帝的书信，渴望从中寻求力量。因为腓德烈最终赢了，他那顽强不屈的精神保证了他的胜利。希特勒认为，大凡一切顺利时，人民对一切都感到满意，而当形势开始变坏的时候，人民就自暴自弃。人民是乌合之众，起决定作用的是他们的领袖，他们领袖的意志。

只是当大势已去的时候，仅仅是顽强不屈的精神，仅仅是领袖的坚强意志，就能够左右历史的发展，能够起死回生吗？

数不清的轰炸机在冬日的阳光下闪着庄严的光芒，覆盖在天宇之下，似乎是一种压在希特勒心头使他难以释怀的力量，那轰轰的机鸣似乎是一种预告，宣告他在西方一举取胜希望的破产。

此战德军死伤和失踪约 12 万人，损失了 600 辆（门）坦克和重炮，1600 架飞机和 6000 辆汽车。美国也损失很惨重：死亡 8,000 人，受伤 40,000 人，被俘或失踪 21,000 人，还损失了 733 辆（门）坦克和反坦克炮。但是美军能够补充他们的损失，而德军办不到。他们已经把最后的招数都使出来了。

1945 年 1 月 16 日下午 6 时，希特勒同他的下属登上了开往柏林的专列。一位随行人员评论了一句："柏林做我们的首都最合适了，不久我们乘着电车就能从西线到达东线了。"

这句插科打诨的话希特勒也听到了，但是元首什么也没有说，只是惨然一笑。

或许希特勒已经明白整个战争的结局。

他所能够做的，不过是在柏林作最后的垂死挣扎。

第二章

攻克柏林 势在必行

　　1944年下半年到1945年初，苏军在东线、英法美在西线的胜利进军，使主战场渐渐转移到德国本土。德军受到东西两面的夹击，在战略上陷入两面受敌的艰难处境中。为了粉碎希特勒的阴谋，彻底消灭德军，迫使德国无条件投降，苏军决定以自己的力量攻克柏林。攻克柏林，非苏军莫属。

No.1 盟军的春天

春天来了。

这是战争中的春天。

1945 年的春天，每一分钟都显得春意盎然。

蔚蓝的天空，晴朗明快。潮湿的土地，清新芳香。树木披上了绿装，花草在微风的吹拂下喃喃低语，就连被爆炸的气浪掀翻在地的丁香花也显得盎然如故。战场上充满了生机，纯洁的大自然并不懂得战争的残酷，毫无保留地在人们面前展示自己的美丽和风采。

这是大自然的春天，也是人类历史上的春天，经历了法西斯猖狂进攻的严冬后，正义力量开始显示出强大的后劲和不可战胜的力量。他们在向前，胜利在接近。所以，就连那些在战争的残酷中，心性早已变得坚硬起来，不知自然之美为何物的官兵，心中的温情也开始复苏，他们越来越强烈地感觉到，春天就在自己身边。

第二次世界大战已经进入第六个年头。正义力量密切配合，攻势强劲，正在走向最后的胜利。而整个法西斯德国，则犹如大海上一艘千疮百孔岌岌可危的破船，随时可能在战争的狂风暴雨中沉没。

1944 年下半年到 1945 年初，苏军在东线，英法美在西线的胜利进军，使军事斗争的主战场已经渐渐转移到德国本土。希特勒已经受到东西两面的夹击，在战略上陷入两面受敌的艰难处境中。

1945 年 1 月到 3 月，苏军先后粉碎了东普鲁士、波兰、西里西亚、东波美拉尼亚和匈牙利的法西斯军队及其重兵集团，到 4 月 1 日，已经推进到德国腹地。

冬季进攻战役的顺利实施，使白俄罗斯第 1 方面军和乌克兰第 1 方面军粉碎了德 A 集团军群，进而深入到德国东部。白俄罗斯第 1 方面军各部队推进到波罗的海沿岸到尼斯河入口处的拉茨多夫之间的奥得河一带，并且在河的西岸占领了几处登陆场。乌克兰第 1 方面军各部队也推进到拉茨多夫到彭齐希之间的尼斯河一带，其左翼已经到达捷克斯洛伐克边界的拉蒂博尔地区。

乌克兰第 2、3、4 方面军也于 3 月下旬重新发起进攻，击败了德军的南方集团军群。

南斯拉夫军队在苏军的直接帮助下，也同德军的 E 集团军群继续进行战斗。

列宁格勒方面军和波罗的海第 2 方面军继续封锁着图库姆斯、利巴瓦地域的库尔良季亚集团军群。

白俄罗斯第 2 和第 3 方面军在东普鲁士合围了德军北方集团军群的主力。并在 4 月荡平了它的残部。白俄罗斯第 2 方面军在但泽东南地区以及格丁尼亚地域彻底击溃了德军维斯瓦集团军群的残部。

1945 年初，西欧战区的战略态势也迅速向着有利于盟军的方向扭转。盟军借助苏军冬季攻势的胜利和德军第 6 坦克集团军和其他许多兵团西线东调的机会，于 3 月下旬重新发动对德军的急攻，在波恩至曼海姆一带渡过了莱茵河，并于 4 月 1 日之前挺进到布雷达、波恩、卡赛尔、曼海姆和米卢兹一线，合围了德军的鲁尔集团。

在意大利前线，法第 1 集团军占领了法意边界的赛扎、尼察一带，美第 5 集团军和英第 8 集团军也在佛罗伦萨以北一线与德军交战。

在英美政府的催促下，英美联军统帅部也改变了过去那种慢吞吞的行动计划，准备发起新的进攻。迅速向东方挺进。3 月 23 日，英美联军转入反攻，一路没有遇到顽强的抵抗。当德军的鲁尔集团被合围以后，其西部战线实际上已经彻底崩溃。至此，盟军继续向汉堡、莱比锡、布拉格方向推进，苏军和英美联军之间的距离已经缩小到 150~200 公里。

此时此刻，希特勒统治下的法西斯德国，其军事政治形势也是显而易见，他发动的大规模侵略战争败局已定，曾经希望统治世界的希特勒主义正在走向最后的灭亡。

在军事上，德国的军事力量与过去相比已经大大衰退。到 1945 年 4 月，德国武装力量的总数尽管还剩下 263 个师，14 个旅，82 个师级战斗群、残缺师、残缺旅，总共相当于 325 个师，此外还有 11 个预备师，但是其战斗力已经大大减弱。

在这种情况下，德国的政治军事首脑仍然拒绝投降。他们有自己的政治意图和战略计划。

尽管德国的战争已经输定了，但是德国的首脑们尤其是希特勒还是不甘心自己的失败，企图寻求出路使战争继续拖延下去。他们把希望寄托在盟军内部在复杂的战争中随时可能出现的令人意外的变化上，希望英美苏之间出现摩擦和分裂。为了达到这个目的，德国实施计谋，从中挑拨。

1945 年 3 月，德国派遣沃尔夫将军以及一批军官前往伯尔尼同英美盟军沟通联系，进行德军向盟军单独投降的谈判，借以离间他们与苏联的关系。为此，希特勒提出一个口号："宁愿把柏林交给盟军，也不让俄国人进入。"德军宣称，任何情况下都要严守柏林，即使美国人从背后攻击，也不能把柏林交给俄国人。对此，苏联政府给罗斯福总统发了一份特别的公函，坚决要求停止这方面的单独谈判。罗斯福回复函中说，德军追求的唯一目标就是"要在各个同盟国之间散布怀疑和制造不信任"。这样，德军的计划便难以有什么效果了。

希特勒的战略意图实质是不惜任何代价，坚决守住东线，制止苏军进攻，避免无条件投降。德军最高统帅部预料到苏军要向柏林方面实施主要突击，于是在这个方向上集中了大量的兵力和武器，并企图阻止苏军继续向西进攻。德军在波美拉尼亚和匈牙利组织了两次强大的反突击，但是均以彻底失败告终。

从经济上讲，德国的经济形势此时也在急剧恶化。1945 年 3 月，德国每天的钢产量只有 1944 年平均日产量的 15%，煤的开采量下降了 84%，焦炭的产量下降了 62%。经济上的衰退不可能不反映在军械和军事技术装备的生产上，军用产品也大幅度减少。1945 年第一季度，德国主要武器及其弹药的生产量大幅度减少，以致德军统帅部几乎没有能力为军队作战组织提供正常的足够的补充。飞机的生产量也只能勉强补偿损失的 50%，坦克的平均日产量也由前一年的 705 辆下降到 333 辆。火炮和轻武器及弹药的产量也只有前一年平均日产量的一半。

人员损失的补充方面，德国也遭受了严重的困难，补充量只占损失总量的一半左右，而且方法是征召 16、17 岁的青年甚至年逾 50 岁的老人入伍。

军事上的失利和经济上的恶化导致了希特勒的内外交困。

首先，国内矛盾更加尖锐地暴露了出来。多年战争给德国带来了巨大的灾难，面包和食用糖大量短缺，城市居民每周只配给 1700 克面包和少许食用糖。空中不断有飞机轰炸，许多城市都变成了废墟，到处都是断壁残垣。人们要么居住在地下室之内，要么到处流窜，几乎没有安身立命之处。整个德国就像是一个乱糟糟的蚂蚁窝。人们早已厌恶了希特勒的战争政策，都希望德国战争机器早日关闭，结束这场丑陋的噩梦。

同时，法西斯集团内部也出现了裂痕。军方一些高级将领见到大势已去，纷纷想要将希特勒抛弃，另外寻找出路。希特勒也感到了自己的孤立无援："我终归有一天会只剩下两个朋友，一个是布劳恩小姐，一个是我的那条狗。"

1944 年 7 月 20 日，在腊斯登堡曾经发生暗杀希特勒的事件。德国城防司令部参谋长施道芬贝格上校借召开会议之机，在会议桌下安放了定时炸弹，企图炸死希特勒。谁知希特勒就像一条漏网之鱼，大难不死，躲过了一劫。从此，希特勒很少公开露面，也不愿与更多的人员接触，只是与小圈子里面的几个人待在一起。这个小圈子包括鲍曼、凯特尔，他们被称为大本营里的三人小集团。

暗杀一事牵扯到近十名高级将领，近 4000 人因此丧命。事件过后，希特勒对谁也不放心，谁的话也不听，几乎成了孤家寡人。他最不信任陆军及其将领，甚至怀疑陆军总参谋部与苏联总参谋部有互相勾结的可能。他把战场上的失败归咎于军事指挥员的"叛变"，他说："现在我才知道，近几年来我在俄国的一切重大计划不得不遭受失败，这完全是由于叛变造成的。"

可笑的是，有一次，西线德军总司令克卢格去前线，之间有几个小时与德军大本营失

▲ 在美军士兵的注视下，伪装成美军的德突击队员正在脱掉他身上的美军服装。

去了联系，希特勒便断定克卢格是同盟军进行投降谈判去了，竟然当即解除了他的职务。

希特勒还认为，德军以前的失败在很大程度上是由于纳粹党对军队干预太少造成的。为此，他设法加强对军队的进一步控制，甚至一个师的调动都要得到他的亲自批准。为了削弱不受信任，不忠诚的陆军，希特勒加强了党卫军的建设，并通过秘密警察来监视陆军军官的言行。

在政权摇摇欲坠的情况下，德意志帝国的宣传部长戈培尔不得不开动宣传机器，展开一场效忠于希特勒的活动。当希特勒演讲时候，戈培尔拙劣的安排一些人在台下带头鼓掌，高呼"希特勒万岁"，试图消除整个国家对元首的信任危机。

事实上这样并不能从根本上消除危机。随之而来的是上层人物之间的矛盾加深。这些要员互相倾轧，彼此你争我夺。德国元帅戈林、秘密警察头子希姆莱、纳粹党头头鲍曼、军备及战时生产部长施佩尔等人产生龃龉。据悉，戈林和戈培尔，施佩尔、希姆莱与鲍曼之间，以及这些人和希特勒之间都存在不同程度的矛盾和权力之争。这些矛盾的交错使希特勒更加众叛亲离，加速了法西斯德国的溃灭。4月20日是希特勒的生日，就在这一天，他的外交部长里宾特洛甫跑了，最信任的老部下戈林和希姆莱也跑了。戈林率领的车队满载金银财宝，急匆匆地赶往德国南部，并于23日致电希特勒，说"马上要接管帝国的所有领导权"。

从外交上看，德军面对东面苏军强大的进攻和西线英美盟军的巨大压力，像退潮的海水一般迅疾地溃退下来。常言说得好："树倒猢狲散。"此时此刻，败局已定。过去追随德意志的一些仆从国，如芬兰、罗马尼亚、保加利亚、匈牙利等眼看德国大势已去，便纷纷退出战争，保加利亚和罗马尼亚还迅速掉转枪口，对德军反戈一击。

1945年2月以后，原先保持中立和站在非交战国地位的许多国家，也急忙向德国宣战，土耳其、埃及、叙利亚、瑞典以及刚刚退出战争不久的芬兰，也都相继加入反对法西斯德国的行列。

面对这一切，曾经疯狂至极的希特勒发出绝望的哀号："现在什么都完了，我一切都没有了。"

No.2 蓝图既定

正如本书序言所说，柏林是一个象征意味很浓的城市。在20世纪的三四十年代，它是希特勒帝国的缩影和代表。

柏林在战略上占据着极为重要的地位，它不仅是德意志的历史名城，也是希特勒帝国的政治、经济、文化和军事指挥中心。

希特勒延续了德国的传统，将他的第三共和国的首府也定在了柏林。1939年9月，他的新总理府落成，从此，这座建筑便成了柏林的象征，它也成为德国法西斯侵略扩展的指挥中心，被人称为法西斯的"穴中之穴"，希特勒便是在这里策划和发动了第二次世界大战。

从19世纪起，柏林的工业得到了迅速的发展，到第二次世界大战开始的时候，工业基础已经非常雄厚，它集中了全国几乎2/3的电力工业，大部分机器制造业和军事工业。作为一个较大的工业城市，柏林的工业人口战前已经达到120万以上。

此外，该城的交通很发达。铁路、公路、水路运输都很方便。共有15条铁路和6条公路干线可以通往全国各地，其中40%的铁路为双轨甚至三轨。在柏林市内，有众多的河流穿城而过，如斯普里河、费诺夫运河以及泰尔托运河等。通过这些运河，柏林可以与汉堡、斯德丁、但泽等重要海港相沟通，并且与鲁尔、上西里西亚等工业区相连。

▲ 德党卫军头目奥托·斯科尔兹内。　　　▲ 盟军最高统帅艾森豪威尔。　　　▲ 德军西线总司令凯塞林元帅。

　　所有这些都使柏林成为了德国战争机器的关键部位，决定着这一战争机器的运转。它恰如法西斯德国的心脏，牵扯着其他的动脉和内脏。一旦这颗心脏停止跳动了，法西斯就完了；同时，只要它还在跳动，希特勒发动的战争就不会结束。

　　由此可见，要彻底打败德国，必须尽早攻克柏林。

　　从人心角度讲，当时德国人在法西斯宣传机器的影响下，大都不希望自己的国家失去这场战争。尽管战争给德国人带来了灾难性的后果，尽管他们对"最后胜利"日益失去信心，但出于一种复杂的感情和奇迹的幻想，他们还是从内心希望德意志帝国能够恢复以往的强大和军事优势，尤其是希望自己国家的首都柏林不被占领。或许，他们看到只要柏林不陷落，德国就不会走向失败，而一旦柏林陷落，整个国家就完了。所以，德国人基于这种想法，还是尽量设法抵挡苏军和盟军的进攻，以坚固他们自己的"心中堡垒"，他们把希望寄托在柏林城的防守上。这一点无论是盟军还是德军都是很清楚的。苏军正是抓住了德军的这一个精神弱点，决心用最快的速度，毫不迟疑地拿下柏林，与英美在易北河会师，从而结束这场旷日持久的战争。英国首相丘吉尔也认识到，柏林在德国人的心目中地位是高于一切的："只要柏林能够坚持在被包围的废墟中进行抵抗，德国人的信心就会受到鼓舞，而柏林的陷落则可能会使几乎所有的德国人失去希望。"因此，夺取柏林可以震撼整个德国，这是最后战胜法西斯的关键。

　　从战区角度讲，柏林战区地域宽广，东起奥得河—尼斯河，西至易北河，北自波罗的海，南至苏台德和鲁德山支脉。德军防御正面达 400 公里，纵深约 60~100 公里，整个地势大都平坦，平均海拔 100~150 米，各兵种都能由此而过。战区内，江河湖泊甚多，沼泽漫布，森林无边，这恰恰给进攻造成了重大的困难。苏军要彻底打垮德军，结束战争，就必须克服艰难困苦的作战环境，赢得战役的胜利，才能与盟军在易北河会师。

最后，从当时的整个国际形势来看，柏林战役是整个欧洲战场的中心，击败法西斯德国又是整个第二次世界大战的中心。只要德国投降了，第二次世界大战轴心国的其他两个成员也将随之灭亡。

例如，日本原以为整个欧洲都掌握在希特勒的手中，苏军是不堪希特勒闪电攻击的。所以，他想利用德军进攻苏联胜利之机，首先夺取太平洋英美荷等国殖民地，从中掠夺石油，以扩展和积蓄力量。同时，德军攻占了苏联西部大量领土，继续向西伯利亚和远东挺进，而日本则想利用其关东军从远东进攻苏联，配合德军的东攻，以便全部占领苏联，妄想实现轴心国瓜分世界的美梦。这一切本来就是一个难以实现的幻想。自从德军在斯大林格勒遭到惨败以后，形势越来越不利于轴心国了。从欧洲苏德战争的发展来看，整个战场不利于德意日的防守，而有利于英美苏的反攻，这是导致后来日本失败的极为重要的因素。随着苏军顺利的反攻和英美出兵欧洲进行配合，德国首府柏林已经处于死亡的边缘，一旦柏林陷落，德国无条件投降，日本军国主义灭亡的丧钟也就敲响了。

希特勒也非常清楚柏林的重要性，所以强调一定要坚守柏林。自从希特勒失去了东普鲁士以来，他便返回柏林，亲自坐镇，直到死亡临头，他都绝不弃城而逃。他一方面着手组建新的作战部队，一方面加强柏林作战地域的防御工事，企图把柏林变成一座坚不可摧的城堡。

由此可见，进攻柏林，摧毁法西斯德国这一巢穴，具有十分重大的意义。攻克柏林已经是箭在弦上，不得不发。

奥得河一尼斯河东岸，挥师西进的苏联军队已经占领了德国的波美拉尼亚、勃兰登堡和西西里亚等省份。苏军距柏林仅仅有 60 公里！

莱茵河以东，乘胜追击的盟军已经在鲁尔地区围歼了德军 B 集团军群的主力。盟军正在向德军腹地进攻。

法西斯德国败局已定。

攻克柏林指日可待。

那么，谁来占领柏林呢？

围歼德军 B 集团军群主力以后，西线德军已经基本崩溃。盟军的下一步行动是向德国纵深方向推进。在是否把柏林作为进攻的主要目标上，英美两国产生了严重的战略分歧。

岌岌可危的德国政府面临苏军和盟军的严重威胁，仍在做最后的挣扎，希特勒政府准备撤出柏林，向南后退，企图到东南部山区集结力量，负隅顽抗，把战争拖延下去。德国的这一个意图被盟军情报人员所掌握。为了尽早结束战争，盟军必须尽早与苏军在易北河

会合，切断德国人的南撤之路。把德国分成南北两大区域，破坏他们的互相联系，粉碎拖延战争的企图。

盟军最高统帅艾森豪威尔根据情报，决定把第21集团军群的美军第9集团军从蒙哥马利的指挥中抽调出来，重归第12集团军群司令布莱德雷指挥。根据他的计划，第12集团军群从左翼向不来梅和汉堡方向突击，占领海港要塞，保障后勤供应，切断境外德军与本土的联系，促使其早日投降。第6集团军群从右翼向德国南部和奥地利方向突击，防止德军建立山区根据地，拖延战争。

艾森豪威尔在计划中没有把柏林作为主要目标。然而，英国首相丘吉尔的打算却不一样。他一心想让蒙哥马利的部队捷足先登，攻克柏林，为大英帝国增光添彩。蒙哥马利也真有这个打算，因此，艾森豪威尔的计划遭到了英国的强烈反对。

蒙哥马利指责艾森豪威尔从他指挥的部队中抽调了美军第9集团军，削弱了他的进攻力量。蒙哥马利找到英军参谋长诉苦，参谋长便去找丘吉尔抱怨。丘吉尔同意部下的意见，批评艾森豪威尔的计划排除了英军攻克柏林的可能性，等于是把柏林拱手让给苏联。如此一来，苏军就会把功劳据为己有，不利于战后政治问题的处理。所以，盟军不应该停留在易北河，而应该抢在苏联人之前攻克柏林。

最让英国人不能容忍的是艾森豪威尔竟然在3月28日向苏联通报了这一行动计划，而没有通知英美双方的参谋长委员会。英国参谋长委员会认为艾森豪威尔越权，并对他"不请示军事上和宪法上的最高当局的越级行为表示担心"。

4月6日，蒙哥马利要求增派10个美国步兵师来协助自己攻打柏林。但是，他的这个

请求被艾森豪威尔拒绝了。并且告知他：不要再想着柏林了。

艾森豪威尔对蒙哥马利说："你不能闭着眼睛不看现实，在（布莱德雷）向莱比锡进军的时候，你的任务是保护（他的）北翼，而不是由他来保护你的南翼。在这一点上，我的指示是相当明确的。"

"我也承认柏林在政治上和心理上的意义，但更重要的却是柏林附近德国残余部队的配置情况。我把注意力放在他们身上。当然，如果我能毫不费力地拿下柏林，那又何乐而不为呢？"艾森豪威尔继续说道。

但是，即使有了攻打柏林的机会，这个机会也属于布莱德雷领导的美军，英军是没有份的。艾森豪威尔已经明确地表明了这个态度。

艾森豪威尔的计划受到美军的欢迎。

就在英国方面向华盛顿提出抗议之后，马歇尔却明确告诉艾森豪威尔，支持他作出的一切决定。美国参谋长联席会议在致电英国的时候反驳说，美军最高统帅的作战路线符合盟国的"一致同意"的战略原则，比起英国所确定的战略原则，这个路线原则更加迅速有效。"德国的战斗目前正处于一个该由前线最高统帅来判定应该采取什么步骤的关键时期。有意撇开敌人的弱点不加以利用，似欠妥当。唯一的目标应该是迅速地取得全面的胜利。""艾森豪威尔的作战概念是正确的，应该得到完全的支持。"针对英国人指责艾森豪威尔的"越轨行为"，美国参联会反驳道："联络手续在作战方面似乎是必需的，""他应该继续自由地与苏军最高统帅联络"。马歇尔顶住了英国的压力，毫无保留地支持艾森豪威尔。在他看来，放弃柏林完全是一种军事决策，而这个决策必须在罗斯福总统死后作出。与此同时，杜鲁门总统刚刚上任，还没有熟悉他的新职位，所以谁也无法就如此重要的决策作出定夺。马歇尔认为艾森豪威尔的想法符合军事逻辑，所以投了赞成票。

"是的，我认为我们当时不应该占领柏林，"多年以后马歇尔这样说，"必须记住，那个时候我们正在努力同俄国人打交道，我们一直在同他们并肩作战，他们是我方武装部队的组成部分——非常坚定的一部分。他们在战争中起了极大的作用，削弱了德军的力量，对所有这些，我们都要好好加以考虑。在战争快要结束的时候，他们变得非常敏感，时刻都在注意是否有迹象表明英国人和美国人打算背着他们决定战争的结局……"

马歇尔和艾森豪威尔心中非常清楚，俄国还是西方的盟友。

为了缓和英美之间的激烈争论，4月1日，艾森豪威尔给丘吉尔打电报，表示如果有机会也不会放弃柏林："如果任何时刻敌人全线崩溃，我们就会冲上前去，吕贝克和柏林都包括在我们的目标之内。"鉴于英军只占盟军的四分之一，美军是主力，且一直在起主导作用，英国要想左右美国的战略是不可能的，因此，丘吉尔在接到艾森豪威尔的电报后，便适时结束了这场战略争论，并引用了一句拉丁文成语来形容这次争吵："情人的争吵，恰是爱情的重生。"

事实上，当时美国并不是没有机会占领柏林。如果不是艾森豪威尔下达了命令，那支在易北河对岸修建桥头堡的美国军队大概早就想冲进柏林城了。

这支编号为第9军的美军指挥官为威廉·辛普森，他是一位富有魅力的人物，在美国陆军中享有盛誉。他幽默风趣，体恤下情。

有一次，他奉命去整顿某营士兵。这是一群纪律涣散、桀骜不驯且又邋里邋遢的士兵。许多指挥官被他们弄得焦头烂额。辛普森让士兵们排队站好，然后对他们说："为严肃军纪，全体官兵必须马上去理发，全给我收拾得干干净净，注意——现在我就给你们一个干净的标准。"

说罢，辛普森摘下帽子，光秃秃的脑壳在众人面前暴露无遗。众人哄堂大笑。从此以后，士兵们便变了样。

辛普森原先就不同意让苏联人首先攻占柏林。部队到达易北河以后，他发现前面的敌军已经崩溃，大批德国士兵越过易北河向盟军投降。而在柏林的另一边，苏军正在同德军展开激战，德国人正在拼命阻止敌人前进。如此一来，美军直捣柏林似乎唾手可得。

于是，辛普森致电布莱德雷，他准备进军柏林，并且"确信24小时内就可以入城。"

布莱德雷火速回电，让辛普森立即去见他。

辛普森乘飞机来到布莱德雷司令部所在地。一下飞机，布莱德雷就对他说："我接到命令，

让你守在易北河岸，不要去攻打柏林。"

"可是，为什么呀？出了什么事？"辛普森吃惊地问。

"这是艾森豪威尔的命令。"布莱德雷回答。

机会就这样错过了。

多年以后，辛普森仍然对这件事耿耿于怀。

那么，为什么艾森豪威尔最终会改变主意，放弃攻占柏林呢？

其实，艾森豪威尔是很有先见之明的。

首先，这里面有深刻的政治背景。

1945 年 2 月在克里米亚召开的雅尔塔会议，是在德国战败前，英美苏首脑举行的一次安排战后世界的重要会议，会议的中心议题是分割德国，而分割德国的第一步是划分三国的占领区。

艾森豪威尔虽然没有参加这次会议，对如何划分三国占领区的原则和结果一无所知，但是他却用自己的头脑与经验作出了惊人的判断。结果不出他所料，雄狮般的斯大林战胜了残废的罗斯福和年迈的丘吉尔：易北河从南到北将德国一分为二，易北河以东将由俄国人统治。

艾森豪威尔实现了自己天才般的预言。

但是，预言归预言，现实归现实。当雅尔塔会议作出决定之后，盟军命中注定要放弃攻占柏林。艾森豪威尔在战略上几乎没有什么回旋的余地。因为，这是一个不可侵犯的分界线。再说，既然确定了三国分区占领，那么由谁先来攻占的问题就变成次要的了。攻占柏林不再是英美优先考虑的事情。除非柏林的战略地位突然得到了提升，或者英美铁了心要把苏联势力排挤出德国中部。

其次，还有现实的军事原因。

其中最重要最简单的一条是：德军只有无条件投降后，才算真正完蛋。

最近几个星期，情报部门报告说，纳粹正在奥地利的阿尔卑斯山上建立避难所，希特勒将在那儿指挥游击战争。报告宣称："阿尔卑斯山由于其地形的复杂，实际上是无法攻入的。这里有着天然的屏障，这里有着迄今为止所发现的最有效的秘密武器，在这儿，军火在不怕轰炸的工厂中生产，粮食和武器储存在奇大无比的地下洞中，一支经过特殊挑选的年轻部队将接受游击战争训练。这儿足以装备和指挥整个地下军队从占领国手中解放德国。"

这份报告有夸大成分，但是德军组织"民族堡垒"的可能性是存在的。因为有那么多的德国青年疯狂地崇拜希特勒。阿尔卑斯山易于防守，艾森豪威尔担心，希特勒能够从他的山中据点，纠集德、意残余部队，把游击战争无限期地坚持下去。艾森豪威尔想迅速、干净、利索地结束这场战争。为了达到这个目标，艾森豪威尔认为盟军必须占领阿尔卑斯山。他认为，这可能是一个比占领柏林更为重要的战略目标。

此外，艾森豪威尔还急于占领鲁尔工业区，以彻底消灭德军赖以生存的工业力量和军事制造力量。

而具体军事形势和因素也不利于盟军而有利于苏军。盟军缺乏攻占柏林的现实条件。即使德军不进行抵抗，盟军的兵力也不足，辛普森率领的美国军队虽然离柏林已经很近，但美军总数才5万人，并且炮兵很弱。而据盟军将领估计，拿下柏林最少要付出10万士兵的生命，对于仅仅一个标志来说，这个代价太高了。此外，盟军的后勤也不足以保障部队的进攻。与此相对，苏军的准备充分得多，他们离柏林更近，并且是大兵压境。如果盟军抢攻，只能刺激苏联加快进攻节奏，先于盟军之前占领柏林。这样盟军仍然是徒劳无益。

▲ 盟军空军猛烈地轰炸了德国德累斯顿，一名德国妇女脸上惊恐的表情犹存。

在3月27日举行的记者招待会上，一名记者问艾森豪威尔："你认为是谁先进入柏林，是俄国人还是英美联军？"

"单从距离看，你就知道是谁了。"

记者又问："这是否意味着改变了盟军1944年9月挺进柏林的计划？"

艾森豪威尔仍然回答："单从距离看，你就知道是不是了。"

雄心勃勃的希特勒一直把占领苏联作为自己征服世界的一个重要的战略目标和步骤。

在波诡云谲、错综复杂的第二次世界大战中，苏德战争是其中一个极为重要的组成部分。血与火之中的恩怨，攻守强弱的转换，为我们理解苏联占领柏林有着很好的背景作用。

1940年夏，德国征服北欧、西欧诸国后，即着手制订入侵苏联的战略计划，进行侵苏的准备工作；1941年春，侵占巴尔干半岛后，开始在东欧集结兵力，加紧完成对苏作战部署。德国对苏作战计划"巴巴罗萨"方案确定其战略企图是：集中优势兵力沿三个战略方向实施闪电式进攻，把苏军主力消灭在苏联西部地区，使用空军摧毁乌拉尔工业区，最终击败苏联。

1941年6月22日拂晓，德国撕毁《苏德互不侵犯条约》，突然进攻苏联。准备不足的苏联在战争开始时节节败退。

渐渐稳下阵脚后，苏军开始积蓄力量，伺机反攻。

1943年2月2日，苏军围歼了进攻斯大林格勒的德军主力。苏军取得斯大林格勒会战的胜利，从根本上扭转了苏德战场的局势。

1943年夏秋战局以苏军主动进行的库尔斯克会战开始，双方在普罗霍罗夫卡地域进行了第二次世界大战中规模最大的坦克战，并以苏军的获胜告终。从此，苏军完全掌握战略主动权，德军彻底丧失战略进攻能力，全线转入防御。

1945年的东线，德军已被赶出苏联国土，主要战场转移到东普鲁士、波兰和捷克、匈牙利境内。为了配合盟军在西线阿登地区粉碎德军的反扑，苏军从1月中旬起在北起波罗的海、南至多瑙河的广阔战线上发起进攻，并连续进行维斯瓦河—奥得河战役、东普鲁士战役、东波美拉尼亚战役等战略性进攻战役，一步步逼近柏林城。

攻守易势，强弱转换，德军已经不是苏联人的对手。

苏联人始终把柏林作为自己的最高战利品。

苏军在对德作战中首当其冲，发挥着重要作用。其兵力和装备也远胜于盟军。况且，苏军占据着有利地形，已经前进到奥得河—尼斯河一带，距离柏林仅仅60公里。为了粉碎希特勒的阴谋，彻底消灭德军，迫使德国法西斯无条件投降，苏军决定以自己的力量攻克柏林。

艾森豪威尔的计划与苏联不谋而合。

1945年3月，艾森豪威尔与苏联最高统帅部建立了直接联系。

3月28日，艾森豪威尔通过驻莫斯科的美军委员会给斯大林捎去一封私信，把最高统帅部的作战计划通知了斯大林，并询问斯大林苏军统帅部的近期计划是什么。同时，艾森豪威尔将此信抄送盟军参谋长联席会议。这是他正式将这个战略计划通知那个权威性的组织。

艾森豪威尔在信中写道，他最近的目标是包围鲁尔地区，截断这个工业中心与其他地区的联系。他打算4月1日结束这场战斗，然后突破敌人的防线，与苏军在易北河会师。

斯大林很快答复了他。他在4月1日的复信中说道："您的运用苏军和贵军联合的方法切断德军兵力的计划与苏军最高统帅部的计划正相吻合。"他同意艾森豪威尔提出的会师计划和地点。

艾森豪威尔的计划送达莫斯科之际，正值法西斯德国分裂盟国联合阵线的企图日益明显之时。艾森豪威尔的这封信引起了英国首相丘吉尔的极为不满，他反对最高统帅部的这个计划。并认为将这个计划通报给苏联人是越级行为。

艾森豪威尔据理力争，否定了英国的主张。

1945年4月21日，艾森豪威尔再次致函苏联最高统帅部，通报了盟军在易北河停止前进的决定，并说明了有关美军驻防的详细情况。

攻克柏林，非苏军莫属。

第三章

狂飙突进 势如破竹

　　不久，惊慌的柏林人都从床上爬起来。有人把调羹放到玻璃杯中，惊恐地静听着金属与玻璃碰撞所发出来的细微的轰鸣声。奥得河在历史上就是从东方通向柏林的门户，而现在，它却成了德军防御苏军的坚强堡垒。到4月20日，参加柏林战役的3个方面军，都已经形成向柏林城区推进的有利态势。

No.1 山雨欲来

1945 年 4 月 1 日，莫斯科的克里姆林宫灯火通明。

苏军白俄罗斯第 1 方面军司令员朱可夫和乌克兰第 1 方面军司令员科涅夫，被召到莫斯科最高统帅部大本营。斯大林和往常一样，在克里姆林宫宽阔的办公室里接见了他们。

除斯大林之外，在场的还有国防委员会的委员们、总参谋长安东诺夫和作战部长什捷缅科。斯大林拿着那个著名的烟斗，一口一口地吸烟。互致问候之后，斯大林向朱可夫和科涅夫说："根据三国雅尔塔会议的决定，苏军和盟军对德国的占领应该以易北河为界。就是说，不仅柏林应该由苏军占领，而且柏林以西一直到易北河的广大地区都应该由苏军占领。但是，现在盟军的有些人想违反这个协定。什捷缅科同志，请你把电报念一下。"

接着，什捷缅科念了一份电报，大意是：英美盟军联合指挥部正在准备柏林战役，其目的是先于苏军攻占柏林，建立由蒙哥马利元帅指挥的主要集团。主要突击方向选在鲁尔地区以北，位于英军主要集团和柏林之间的一条最近通道上。电报列举了盟军指挥部预先采取的一系列措施：组建集团，集结军队。电报最后说，根据全部情报，盟军司令部认为先于苏联攻占柏林的计划是完全可以实现的，并且正在竭力准备付诸实施。

什捷缅科读完电报后，斯大林转向朱可夫和科涅夫，说道："那么，究竟是谁将首先攻占柏林呢，是我们还是盟军？"

科涅夫首先回答，他向斯大林保证，苏军一定会首先攻克柏林。

这时朱可夫也作出了回答，他说，他已经为攻占柏林做好了充分的准备。而且，他指挥的白俄罗斯第 1 方面军无论兵力还是武器都是处于饱和状态，已经把攻击的目标直接对准柏林。况且离柏林距离又很近。

朱可夫和科涅夫虽然用不同的方式回答了斯大林的问题，但是他们的意见是一致的，认为毫无疑问苏军将攻占柏林，并且一定能先于盟军攻克柏林。

"这增加了我的信心。"斯大林微微一笑，接着，又转向科涅夫说："昨天晚上我已经同朱可夫同志研究了白俄罗斯第 1 方面军的作战计划，根据当前的情况，您将如何组建集团？您的主力位于您的南翼，看来您必须大规模地变更部署。"

科涅夫回答："斯大林同志，不必担心。方面军将采取一切必要措施，我们将在柏林方向上及时组建进攻集团。"

此时，朱可夫向斯大林报告说："白俄罗斯第 1 方面军的部队已经做好了攻占柏林的准备，白俄罗斯第 2 方面军的部队和技术准备得到了充分的补充，进攻的各项准备工作马上就可以完成。"

"好吧，你们两个必须在莫斯科总参谋部这儿准备各自的计划，根据准备情况，过两昼夜左右将计划呈报大本营，以便带着已经批准的计划回到各自的方面军。"

斯大林在提出这个要求之后，宣布散会。

按照斯大林的设想，柏林战役将由朱可夫元帅的白俄罗斯第1方面军、科涅夫元帅的乌克兰第1方面军和罗科索夫斯基元帅的白俄罗斯第2方面军共同实施。但是由于当时白俄罗斯第2方面军正在但泽东南和格丁尼亚以北地域的德军进行紧张的战斗，必须晚几日才能投入柏林方面的作战，所以斯大林没有让罗科索夫斯基元帅参加这个作战会议和计划研究。

按照苏军原先的设想，攻克柏林的战役要推后一段时间进行。现在出现了意外情况，战役发起比原来提前了，因此战役准备的时间十分有限。

为了落实斯大林的指示，朱可夫、科涅夫带着他们的参谋班子夜以继日，用了一个昼夜多的时间，分别拿出了自己部队关于柏林战役的基本构想。

4月2日，朱可夫和科涅夫携带着准备呈报的计划来到大本营。总参谋长安东诺夫报告了整个柏林战役的总计划。在这之后，研究了白俄罗斯第1方面军的计划。斯大林对朱可夫的计划表示满意。随后，科涅夫报告了乌克兰第1方面军的战役计划，大家对这个计划也没有什么不同意见。

根据斯大林最后批准的计划，苏军柏林战役的总企图，是在短时间内消灭德军维斯瓦集团军群和中央集团军群主力，攻占德国首都，前出至易北河与盟军会师，迫使法西斯德国无条件投降。

苏军最高统帅部大本营计划以3个方面军的强大兵力，在六个地段突破德军在奥得河和尼斯河的防线，合围、分割并歼灭德军柏林集团主力，同时前出到易北河地区。方面军战役纵深计划为130~165公里，每昼夜平均进攻8~14公里。3个方面军的基本态势是：白俄罗斯第1方面军居中，乌克兰第1方面军在左，白俄罗斯第2方面军在右。

苏军最高统帅部按照上述企图给参加柏林战役的主力3个方面军分别下达了具体的作战任务。

白俄罗斯第1方面军司令员是苏联元帅朱可夫，军事委员是捷列金中将，参谋长是马利宁上将。该方面军的战役总企图是对从东面掩护柏林的德军集团实施强大的突击，从北面和南面迂回柏林，向柏林展开进攻，尔后推进到易北河。方面军司令员决定使用4个合成集团军和2个坦克集团军的兵力从屈斯特林登陆场实施主要突击，粉碎从东面掩护柏林方向的德军集团，占领德国首都柏林。

▲ 纳粹宣传部长戈培尔检阅年轻士兵，要求他们为"帝国"战斗到最后一刻。

乌克兰第 1 方面军司令员是苏联元帅科涅夫，军事委员是科赖纽科夫中将，参谋长是彼得罗夫大将。该方面军的战役总目的是粉碎特布斯和柏林以南地域内的德军集团，尔后挺进到贝利茨、维滕堡、易北河地区。其主要突击集团的任务是在进攻的第二天结束之前突破福斯特、穆斯考地带上的德军防御，推进到斯普里河。

白俄罗斯第 2 方面军司令员是苏联元帅罗科索夫斯基，军事委员是苏博京中将，参谋长是博戈柳博夫上将。该方面军的战役企图是用其左翼的 3 个合成集团军、3 个坦克军、1 个机械化军和 1 个骑兵军的兵力在什切青、施韦特地段实施主要突击，尔后向诺伊施特累利茨方向进攻。

由苏军顶尖智囊人物谋划的这个作战方案，准备采取合围、分割、各个歼灭的战术消灭德军柏林集团。合围德军主力的任务由从西北包围柏林的白俄罗斯第 1 方面军和从西南迂回柏林的乌克兰第 1 方面军共同承担。分割被围之敌的任务，则由从柏林西面和南面实施辅助攻击的白俄罗斯第 1 方面军的两个集团军承担。在柏林以北和在德累斯顿方向进攻的军队则应该保障白俄罗斯第 1 方面军和乌克兰第 1 方面军的主要突击集团。白俄罗斯第 2 方面军将切断德军第 3 坦克集团军同中央集团军之间的联系，并歼灭这个坦克集团军，

▲ 柏林近郊，德军据守的一处防御阵地。

从北方确保白俄罗斯第 1 方面军的进攻。

4 月 2 日到 6 日，苏军最高统帅部大本营给参加柏林战役的各方面军下达了训令。于是各个方面军便根据自己的任务着手进行战役的直接准备。

作战任务确定之后，执行任务的苏军将领们都认识到，这将是一场前所未有的硬仗。

作战计划刚刚确定，朱可夫立即从莫斯科打电话给方面军参谋长马利宁上将，告诉他说："全部批准了，没有什么特别的变化，我们的时间很少，你马上采取措施，我明天飞回去。"

这一简短的指示，已经足够使马利宁理解：必须立即实施计划规定的战役准备措施。

在准备这次进攻时候，苏军将领们知道，对柏林的突击将是德军意料当中的事情，想要达到全局的突然性是不可能的，只能通过巧妙的战役伪装，达成局部的突然性。

于是，无数载有炮兵、迫击炮兵和坦克部队的列车，滚滚开向柏林方向。从表面上看，这些全是民用列车、平板车，运的是木材和干草。然而，一旦列车达到车站，撤去伪装之后，就有坦克、火炮、牵引车开下平板车，并立即驶入掩护工事。空的列车向东驶去，而越来越多装有技术兵器的新列车又源源不断地开来。就这样，苏军补充了大量的重型炮火、迫击炮和火炮牵引车。

3月29日，当波美拉尼亚最后的炮火停息后，苏军炮兵和坦克部队遵守着严格的伪装规定，开始向南调动。奥得河东岸所有的大小森林里都驻满了军队，柏林方向集中了数万门各种口径的火炮和迫击炮。

白天，奥得河登陆场往往荒无人迹，但是一到了夜晚就活跃起来，成千上万的人在用铁铲、铁棒、十字镐掘地。而一到了清晨，却看不到这一巨大作业的蛛丝马迹。一切都做了伪装，公路上空空如也。一到夜间，坦克，炮兵以及装载弹药、燃料和粮食的车辆便行驶在道路和田野上。但是，这些车辆全都是熄灯驾驶，并且尽量减小发动机的轰鸣声。一到早晨，甚至连坦克履带的痕迹都被工兵清除了。

为了给德军造成错觉，苏军还设置了大量的假目标。仅仅在白俄罗斯第2方面军第2突击集团的地带内，就放置了坦克模型350个，火炮模型500个，致使德军误认为苏军将在什切青地区发动主要突击。

在战役准备过程中，各方面军都进行了大规模的变更部署，进行了周密的侦察，出动侦察机对柏林以及德军的3道防线进行了6次空中照相。在进攻出发地域修建了大量的工程建筑，仅在奥得河就架设了通向登陆场的桥梁就多达25座。

对柏林战役所进行的整个准备工作，就其规模和紧张程度来说，是前所未有的。在白俄罗斯第1方面军比较狭窄的地段上，短时间内就集中了83个步兵师、1155辆坦克和自行火炮、14,628门火炮和迫击炮，以及1531门火箭炮。

苏军各方面军司令员都集中了兵力武器，组建了强大的突击集团，形成了很高的战役密度和对敌的绝对优势。为了突破德军强大的防御，各方面军都建立了纵深的战役部署。

万事俱备，只欠东风。德军统帅部为了准备柏林决战，于4月上旬重新调整了军队部署，特别注重在奥得河和尼斯河西岸构筑坚强的纵深防御工事。德军在奥得河和柏林之间建立了绵密的防御体系，包括柏林防御区在内，整个纵深达到100余公里。

奥得河以及尼斯河的西岸地带极利于组织坚固的防御，而敌人所有的防御地带通常都通过许多河流、湖泊、沼泽、高地和密林。在这些地方，存在许许多多与都市规模一样的居民点以及坚固的石头建筑。而德军把每一个这样的居民点都变成了坚强的支撑点。

为了掩护自己的防御阵地，德军建立了广大的防坦克和防步兵障碍，如铁丝网、地雷等。德军还利用空军来加强防御地界的掩护，并从柏林防空区调来了大量的空军。

德军还企图利用奥得河各水闸以及多数运河春季泛滥时期还没有过去的机会来防御苏军，并且事实上苏军占领的许多地区也的确被水淹得差不多了。

在奥得河防御地带的防御体系内，德军极为关注泽劳弗高地的防御，因为这个高地可以用来有效地防御柏林东面的接近地。泽劳弗高地和泽劳弗城是靠近柏林的最坚强的支撑点。这一高地位于奥得河旧河床的西岸，比河床高40余米。高地坡度为3040度，它既能使德军在很远的距离内看见苏军的配备纵深，又能牵制整个奥得河水域的泛滥。因此，德军统帅部早在1月份就开始准备奥得河以及尼斯河防御地界的构筑，并忙于着手建筑柏林的防御区。

德军统帅部为了准备决战，不仅极力在柏林战略方向上增加军队的防御数量，而且还极力提高德国官兵的士气。

同时，德军一些上层人物也纷纷出动，安抚其官兵。4月14日，戈培尔视察了德军第9集团军，号召在东面守卫柏林的德军官兵要坚决顶住，不让俄国人前进一步。4月15日，希特勒发表《告东线官兵特别书》，安慰他们说，德军最高统帅部已经预见到苏军的冲击，并且已经组织了坚强的战线来抵抗他们。希特勒还说俄国人的进攻将淹没在他们自己的血泊中，并最后表示："柏林是德国人的，维也纳将重归德国人。"

但是，希特勒并不相信自己军队的坚强性，所以，在《告东线官兵特别书》中，明确指出要就地枪毙那些下令后撤或企图后撤的人，不管他们是什么官衔和什么职务。希特勒宣布："在这个时候，谁不履行自己的义务，谁就是德国人的叛徒。"同时，德军最高统帅部还颁布命令，惩罚那些当了俘虏的德军官兵的家属。

为了处理有关案件，德军位于柏林地域的第3集团军成立了以瓦尔特豪森为首的特别军事法庭。该法庭成立后，广泛开展了大量的活动，就连德国人自己也承认，该法庭的特点是"一系列案件不必通过任何审查和情况说明便可立即执行死刑"。

尽管在积极进行战略防御，尽管对官兵又拉又打，软硬兼施，此时的希特勒和德国统治集团已经变得非常地心虚，或许他们心中已经很是明白，柏林快要陷落了，政权快要倒塌了，而自己，也终将在劫难逃。

No.2 万炮齐发

对柏林的最后进攻就要开始了。1945年4月15日凌晨3时，朱可夫元帅来到近卫第8集团军司令员崔可夫的指挥所。这时，各个进攻部队都在做进攻开始前的最后检查。

4时30分，所有的检查全部结束，决定于5时进行炮火准备。

这时候，所有指挥员都感到表针走得比任何时候都缓慢。

莫斯科时间早晨5时，柏林时间早晨3时。朱可夫手表上的指针即将指向这一时刻。

刹那间，上万门火炮、迫击炮和"喀秋莎"火箭炮射击的火光，把整个大地照得如同白昼一般。紧接着响起了火炮发射以及炮弹、迫击炮弹和航空炸弹爆炸的震天动地的隆隆声。在空中，轰炸机不间断的轰隆声也越来越大。

凌晨5时，柏林城里的人们突然听到隆隆的炮声，市民们登时惊恐万状。整个城市慌乱起来，人们纷纷给警察局监视所打电话，想搞清楚柏林城究竟发生了什么事情。不久，惊慌地柏林人都从床上爬起来。有人把调羹放到玻璃杯中，惊恐地静听着金属与玻璃碰撞所发出来的细微的轰鸣声。遥远而又沉重的响声继续着，柏林人的恐慌也继续着。

不久，一位德军军官用无线电向柏林防卫司令部发来消息："我们遭受了残酷的炮火袭击，与各个部队的联络已经完全中断。在某些地方我们看到了莫名其妙的强光，就像数十亿支蜡烛。也许，这是一些新式武器，也许，这是化学武器……"

然而，真正的回答来自奥得河畔，黎明前齐声怒吼的大炮向人们传递了苏军已经开始进攻柏林的消息。

苏军利用黑夜尚未过去之际，动用了4万门火炮和迫击炮一起朝奥得河左岸发出怒吼，高达1000多度电光的探照灯同时射向沿河战场，把敌方阵地照得一片雪亮，使德军感到眼花缭乱。炮声震撼着大地，浓雾低垂到河面。苏军指挥员不时发出短促的命令，要求打出战绩打出威风来。的确，德军在苏军猛烈炮火的攻击下，已经失魂落魄。正如后来德军俘虏所说："前沿简直就是地狱，你们的炮兵打神了。当时我们认定俄国人使用了新式秘密武器。"的确，这样大规模的打击在世界战争史上还未曾有过。乌克兰第1方面军在进攻之前进行的这番炮火准备是在任何方面都无可比拟的。

闪光劈开了黎明前的黑暗，在天空、在地上狂乱地激怒着。周围一切都在震动，数十公里之外都可以听到响声。人们就是说话也要尽自己的力量来喊对方才能听到。德军阵地上空，火光越升越高，好像大地本身已经燃烧了起来。石头、金属、水泥，似乎都在燃烧。

巨大的攻城榴弹炮密集地发射着，飞向了遥远的德军后方，摧毁了德军的钢筋水泥工事，扫平了德军的掩体，压倒了德军的炮火阵地，把一切障碍物高高地抛向空中。

在炮击的霹雳声中，时常可以听到苏制"喀秋莎"火箭炮那特殊的持久不断的射击声。天空闪耀着各种颜色的线条，绿色的、蓝色的、黄色的、淡紫色的。顿时又隐没在黑暗中，而随之传来的是德军那边震耳欲聋的爆炸声。

在闪光的照射下，德军的战壕、铁丝网、沟壕、桥梁、掩体等显现出来。苏军甚至借助肉眼便可以看到炮火后还活着的德军躲在什么地方，看见他们正在向何处架设机枪。苏

▲ 一位头部受伤仍坚持指挥战斗的苏联炮兵指挥官。

军可以看见德军的一切，而德军却被照得眼花缭乱。正如德军俘虏后来所说的那样，只要睁开眼看一下，半个钟头之内就什么也看不清了。

炮火令苏军欢欣鼓舞，到处呈现出一派欢腾雀跃的景象，苏军把这两个小时的炮轰看作是礼炮，是最后的决定性之战的前奏。

德军的防御阵地最初还响了一阵嗒嗒的机枪声，随后便转入一片寂静，似乎连一个生命也没有剩下。在苏军猛烈的炮火射击中，德军没有发射一发炮弹。随后，空中升起了数千枚五彩纷飞的信号弹，根据这一信号，间距为200米的143部探照灯一下子都亮了起来，1000多亿度电光照亮了战场。

朱可夫回忆这个特殊的战争场景时候说："这是一个给人留下非常深刻印象的战争场面，可以说，我一生中从未有过类似的感受……"

苏军炮火更加猛烈地射击，步兵和坦克协同一致地冲向前去。猛烈的射击伴随着苏军士兵的勇猛冲击。

到黎明时候，苏军已经攻克了德军第1阵地，开始向德军第2阵地发起冲击。

希特勒军队完全被埋葬在一片炮火和钢铁的海洋之中。掀起的烟尘在空中形成一道厚厚的烟墙，有的地方甚至探照灯的强烈光芒也照射不透。

苏军的航空兵一大批一大批地从战地上空飞过，数百架轰炸机突击了苏军炮火射程够不到的远程目标。在交战的头一天昼夜里，苏军出动的轰炸机达到6550架次。

德军虽然在柏林地域有大量飞机，但是在夜间却无法有效地使用它们，而天亮以后各个冲击梯队已经冲至离德军非常近的距离，以致德军飞行员要轰炸苏军的先头部队，就有击中自己部队的危险。

第一天，苏军原计划发射炮弹119.7万发，实际上发射了123.6万发。2450车皮的炮弹，即差不多9.8万吨钢铁，落到了德军头上，纵深达到8公里内的德军都被消灭或者受到压制。

通常情况下，苏军只是在清晨拂晓之际实施炮火准备，然后白昼发动进攻。这一点早已成了苏军进攻作战的惯例，并且德军对此也已经习以为常了。

但是这一次却极不一样，白俄罗斯第1方面军提前了行动时间，利用黎明前的黑暗发动了进攻，在黑暗条件下发动进攻可以达到进攻的突然性。白俄罗斯第1方面军司令员朱可夫可是煞费苦心，以此作为突破敌人防御的作战方案。

该方面军在发起总攻的前两天，实施了战斗侦察，以查明德军集团的火力配置，确定德军防线的薄弱环节。莫斯科时间4月16日，苏军空军第18集团军在40分钟之内出动745架飞机轰炸了指定的目标，其密度之大，平均每分钟飞越目标上空的飞机多达18架。

▲ 1945 年 1 月 13 日，在东普鲁士攻势行动中，白俄罗斯第 2 方面军炮兵群对德军目标进行猛烈炮轰。

　　紧接着，第 47 集团军的步兵投入了战斗，战斗进行得非常惨烈，该集团军各部粉碎了敌人的反抗，击退了德军第 606 特种师的多次反冲击，并于当天向前推进了 46 公里。占领了德军防御纵深内许多重要的防御支撑点。

　　经过一天的战斗，苏军共俘获德军第 606 特种师约 300 名官兵，其中多数俘虏均承认苏军 4 月 16 日拂晓之前发起的进攻出乎他们的意料之外。

　　苏第 3 集团军经过一天的激战，也取得重大进展，突破了敌人的主要防御地带，其右翼挺进 8 公里，抵达了德军中间的防御地带。在战斗中，该集团军生俘德军约有 900 人。

　　苏军第 5 集团军在 36 部探照灯的照射下也转入了进攻，其获得的最大战果是实施中路进攻的步兵 32 军。该军各部挺进 8 公里，在当日已经前出到古奥得河右岸，逼近了德军第二防御地带。其步兵第 9 军进行左翼进攻，在日终前，也向前挺进了 6 公里。而负责右翼进攻的步兵第 26 军粉碎了敌人的顽强抵抗，同样向前挺进了 6 公里。

　　在争夺维尔比西火车站的战斗中，苏军英勇冲杀，一举攻占。在火车站地域内的一所房屋中，一群希特勒分子当时正在准备反冲击。苏军一名指挥员以及一名冲锋枪手隐蔽地接近该房屋，迅速向房内投入三枚手榴弹，逼得屋内惊慌失措的德军四散逃窜，但又被冲锋枪射手的子弹打倒在地。

　　总之，在进攻的第一天，苏第 5 集团军粉碎了敌人的顽强抵抗，向前推进了 68 公里，他们突破了德军主要防御地带的所有 3 道阵地，共俘获德军官兵 400 余人。

　　此外，白俄罗斯方面军近卫坦克第 1 集团军、第 2 集团军以及方面军第 60、61、33、69、47 集团军等都同时向德军发起了强有力的进攻，歼灭和俘虏了大量敌人。

为了使白俄罗斯第 1 方面军加速进攻，斯大林向乌克兰第 1 方面军司令员发出指示：你部立即对德军柏林集团实施合围机动，使用各坦克集团军从南面突击柏林。4 月 17 日，白俄罗斯第 1 方面军司令员要求各集团军司令加快进攻速度，以免战斗发展迟缓而使军队在攻克柏林之前招致过多过早的消耗。

防守奥得河设防地区的德军第 9 集团军各师在 4 月 16 日和 17 日两天的战斗中兵员损失达到 80%，并损失了几乎所有武器，德军因而变得一蹶不振。鉴于这种情况，德国统帅部于 4 月 18 日从柏林城防队中调出希特勒"青年军"坦克歼击旅和"多拉"坦克歼击旅，从坦克第 3 军中调出"荷兰"摩托化第 23 师，组成了新的预备队投入战斗，此外，德军还从柏林各独立营、队、军校中抽调人员投入战斗。

希特勒军队不惜一切代价竭力阻止苏军进攻。他们对有不愿打仗嫌疑的士兵实行残酷镇压，有的甚至被随意枪毙。但是，无论是希特勒军队的拼命顽抗，还是惨无人道的措施，都无法阻挡苏军的猛烈攻击。

No.3 希特勒的星象图

1945 年初，德军在华沙至柏林方向连遭失败，被迫退守奥得河—尼斯河防线以后，德军统帅部便考虑到苏军将很快进攻柏林。为了阻止苏军进攻柏林，从 2 月起便采取措施着手进行坚守柏林的准备。

德军的防御企图是：首先顽强地扼守住奥得河—尼斯河西岸地区，在数百公里宽大正面上和数十公里纵深内阻止苏军前进。如果一旦沿河防御被突破，则以柏林以及周围地形为依托，阻止苏军突入柏林，从而赢得时间，以达到拖延战争的目的。因此，苏军不得不在一个广阔的地域与德军作战。这一作战地域，东起奥得河—尼斯河，西至易北河，南起苏台德山，北至波罗的海沿岸，中央是柏林。

奥得河是一条大河，发源于捷克斯洛伐克境内，从南向北蜿蜒 700 多公里，全河道都可以通航，是重要的交通动脉。

中游从奥博莱市到科斯钦的河面宽 100~225 米不等，深 2 米有余。下游，由于有诺特奇河和瓦尔塔河注入奥得河，河面宽度加大到 300 米，平均水深 3 米。春汛时候，水深达到 8 米。

奥得河在历史上就是从东方通向柏林的门户，而现在，它却成了德军防御苏军的坚强堡垒。

德军统帅部充分利用了有利的地形条件，强迫当地居民、战俘和外国工人构筑工事，建成了纵深梯次配置的强大防御体系。这一防御体系包括奥得河—尼斯河防御地区和柏林建筑地域。

奥得河—尼斯河防御地区是在奥得河和尼斯河以西构建的，正面宽 400 公里，全纵深约 20~40 公里，德军将领认为，柏林会战将决定于奥得河的战斗，因此，该防御地区构筑了梯次配置的三道防御地带，工事十分坚固。

主要防御地带，即第一防御地带，是沿沃林湖东岸和奥得河、尼斯河西岸一线构筑的，纵深 510 公里，有 23 道阵地，每一个阵地由 12 道绵亘的堑壕组成，前沿设有许多地雷场、铁丝网以及其他障碍物。在主要地带上的布雷密度达到每公里正面 2000 颗。

第二防御带距离主要防御地带前沿 10~20 公里，纵深 1~5 公里，由 1~3 道堑壕和大量的支撑点组成。泽劳弗城和防御工事最坚固的泽劳弗高地组成了第二道防御地带的最强抵抗枢纽，支撑点内集中了大量炮火，高地前沿设有 3 米深、3.5 米宽的防坦克壕和其他工程障碍，这个抵抗枢纽部支持着整个柏林城的防御体系，对防守柏林起着关键作用。

第三道防御地带距离主要防御地带和柏林市 20~40 公里，由大量居民地和 1～2 道堑壕构成。战役开始时，该防御工事内的工事构筑尚未完成。

柏林筑垒地域从 1945 年初开始构筑，它完全是充分利用柏林市周围的河川、湖泊、森林以及市郊和市区的铁路与各种建筑构筑而成。该建筑地域包括三道环形防御围廓，即远郊防御围廓、近郊防御围廓和市区防御围廓。

远郊防御围廓距离市中心 25~40 公里，以居民地为基础，兼以运河、湖泊等天然屏障构成，部分防线与奥得河防御地区第三防御地带重合。在主要地段上挖了堑壕，通往市区的主要道路修筑了街垒，多数桥梁已经被炸毁。

近郊防御围廓是沿着柏林城郊构筑的，距离市中心 10~15 公里，纵深 6 公里，是柏林筑垒地域中最主要的防御围廓。它以郊区市镇组成坚固的抵抗枢纽部，每个枢纽部构筑三道堑壕，并挖有许多防坦克崖壁和壕沟，工厂区修筑许多永备火力点，工事坚固，是德军保卫柏林的主要依托。

市区防御围廓沿环城铁路构筑而成，城内以各个街区、各个大的建筑群组成抵抗枢纽部，并且以坚固建筑物构成连、排支撑点。在通往市中心的街道上筑有街垒，十字路口和广场上配置了火炮，埋伏了坦克，整个市区修筑了 400 多个钢筋混凝土工事。

德军统帅部不仅在柏林防线上构筑了许多道防御地带而且还以重兵集团据守。防御柏林的德军有 48 个步兵师，9 个摩托化师，6 个坦克师以及其他一些部队和兵员，总兵力约有 100 万人，拥有火炮和迫击炮 10400 门，坦克和强击火炮 1500 辆，作战飞机 3300 架，使防御兵力武器密度达到每 9 公里正面一个师，每公里正面有火炮和迫击炮 17 门，在屈斯特林到柏林方向上，防御密度最大，每 3 公里正面一个师，每公里正面有火炮和迫击炮 66 门，坦克 17 辆。

看来，苏军每前进一步都要遇到敌人的顽强抵抗，要突破德军防御确非易事。

4 月 12 日那天，美国的富兰克林·罗斯福总统突然去世了。

这个惊人的消息是从英国广播电台的路透社快讯被无线电监听到的。当时是晚上 11 点钟，德军大本营里面的人强烈要求庆祝，但是英国皇家空军的狂轰滥炸把这种兴致抵消了。

午夜刚刚过去，戈培尔从奥得河前线回来，在宣传部门口听到了这个消息，登时满面红光、神采奕奕。

他兴奋地把自己的助手和几个记者邀请进自己的书房，大声叫喊："快！把最好的香槟酒拿出来，快给我接通元首的电话，让他知道！让所有的人都知道！"

电话很快接通，戈培尔激动的说话声音都有些发颤：

"我的元首，我简直不知道应该怎么样向您祝贺：罗斯福死了。我的元首，您的星象图应验了。现在，不，今天，我们的转折点开始了。"

难怪戈培尔如此乐不可支。原来早在 1933 年 1 月 30 日，希特勒就任总理的那一天，戈培尔就曾经给他算过一卦，这张星象图曾经预言："1939 年爆发世界大战，1941 年之前获得惊人胜利，1945 年之前最初几个月会遭到一系列挫折，紧接着在 1945 年 4 月下半月会取得压倒一切的胜利……"

这是多么准确的预言啊！

电话线另一端的元首，眼睛里充满了泪水，手抖得更加厉害了。他说："随着这一非同小可的转折事件的发生，美军和红军的火炮很快会越过总理府屋顶进行交火了。"

电话总机的米施中士不解其意，其实希特勒的意思很明白，他指望西方大国与斯大林之间的联盟从此破裂。

第二天，戈培尔在广播电台广播了这张星象图的预言，但是这天恰巧是 4 月 13 日，对于迷信的人来说，13 是个不吉利的数字。

地下避弹室里正在举行一场特别会议。希特勒在会上提出了一项奇特的拯救柏林的战略：德国部队向首都撤退，建立一个牢固的抵抗中心。苏联部队必然会追踪而来，这样，其余德国部队便能摆脱苏联人的压力，从背后进攻布尔什维克。

"苏联人的战线过长，因此，我们能够打赢决定性的柏林战役，"他神秘地说道，"能

▲ 在法西斯宣传机器的影响下，大批德国青年踊跃参军。

够把苏联人排斥在未来的和平谈判之外。"

至于他本人，他将留在城里，激励柏林守卫者的勇气，几名到会者催促他到贝希特斯加登去，但是希特勒不愿意讨论这个问题，身为国防军总司令和国家元首，他必须留在首都。

最初，遭到苏军强大火力攻击的德军，只是进行了瞬间的抵抗，随即便受到苏军火力的强烈压制。德军炮兵连一发炮弹也没有发射，其防御火力配系就已经被打乱了。希特勒军队被埋葬在一片火海之中，其第一阵地内的兵力损失达到30%~70%，已经不可能进行有力的抵抗，只得慌忙撤退到第二阵地，以泽劳弗高地为据点进行坚守。

德军在泽劳弗高地用炮兵和迫击炮进行抵抗，而且德军的轰炸机群也开始突击进攻的苏军。

当苏军接近泽劳弗高地的时候，德军的抵抗也更加激烈。泽劳弗高地是一道良好的天然屏障，它高居四周地势之上，并且坡面陡峭，在各方面都成为柏林进攻途中的严重阻碍。它犹如一面厚墙挡在苏军的前面。

对于德军来说，守住这一防线的意义特别重大，因为它的后面就是柏林。希特勒的宣传机关千方百计的强调泽劳弗高地具有决定性的意义，吹嘘它是不可战胜的。甚至把它称为"柏林之锁"和"无法攻克的堡垒"。正是在这里，在泽劳弗高地的脚下，德军集中了最大量的兵力和武器，决心将它变成苏军通向柏林的"死亡之地"。

泽劳弗高地不仅限制了苏军坦克的行动，对苏军炮兵也是个重大的障碍，它遮盖着苏军的防御纵深，使得苏军无法从己方阵地上观察德军纵深。

过去，德军总是把防御力量部署在第一防御区域内，而在第二第三防御地带只是构筑工事，通常不派兵占领。特别值得注意的是，德军只是把坦克预备队和机械化师配置在浅近后方准备实施反冲击，而不占领防御区域。此时，德军鉴于过去防守失败的经验教训，改变了某些防御部署原则，采取了与过去极不相同的部署方法。他们以少量部队来占领第一防御地带，而把大量的步兵、坦克和炮兵配置在第二第三防御地带内，并掌握强大预备队。下午1时，朱可夫了解到了这种情况，并且得知德军在防御上还基本是完整的。倘若苏军仍然采用原来冲击和进攻时候的那种战斗队形，要攻克泽劳弗高地是不可能的。

为了加强冲击部队的突击力并确保突破泽劳弗高地，朱可夫和各集团军司令员商量了以后，决定再把卡图可夫将军和鲍格丹诺夫将军的两个坦克集团军投入交战。

但是，当天剩下的时间组织的几次进攻仍然没有效果。两个坦克突击集团投入交战以后，苏军的作战区域内变得十分拥挤，步兵和坦克的战斗队形互相错乱。由于地形限制，冲击的时候不能投入众多兵力，因而冲击力不够，但是遭到杀伤的程度却很大。尤其是德军顽强扼守每一个地区，每一个战壕，每一个散兵坑，苏军不得不逐个争夺。德军知道高地正面遭受炮火袭击，因而，在高地的背面，修建了许多火力点，并且隐蔽地相当巧妙。当苏军好不容易登上高地，准备向纵深扩大战果的时候，这些隐蔽的火力点便枪炮齐发，从背后消灭一心向前冲的苏军。就这样，反复冲击了几次，苏军都被迫撤回到出发阵地，形势相当严峻。

当天晚上，朱可夫又向斯大林报告了苏军在泽劳弗高地上遇到的困难，并说在17日晚上以前将不可能攻克这个堡垒。

这次，斯大林对朱可夫的谈话已经不像白天那样冷静了。

"你没有按照最高统帅部的要求去做，而让近卫坦克第1集团军在近卫第8集团军的地段上投入交战，结果毫无益处。"随后他又问道："你们有把握在明天攻克泽劳弗防线吗？"

朱可夫尽量保持冷静，回答说："明天，4月17日日终前，一定能突破泽劳弗高地的防御。我认为，敌军为抵抗我军在这儿投入的兵力越多，我们攻克柏林就会更快，因为在宽阔地比在城市里更容易消灭敌人。"

"我们打算命令科涅夫让雷巴尔科和列柳申科的两个坦克集团军从南面突击柏林。而对罗科索夫斯基，则打算命令他加速渡河，从北面对柏林实施迂回突击。"斯大林说。

朱可夫说："科涅夫的两个坦克集团军完全能够迅速地向前推进，应该让他们突击柏林。至于罗科索夫斯基，他不可能在 4 月 23 日之前展开进攻，因为他强渡奥得河还要耽误一段时间。"斯大林相当冷淡地说了一句"再见"来代替回答，就放下了电话，显然，斯大林对白俄罗斯第 1 方面军的进攻感到不满意。

进攻受挫，作为方面军司令员的朱可夫更加着急。经过对战场情况的认真分析以后，朱可夫决定在突破地段每公里集中 250~270 门火炮，以强大的炮兵火力压制德军的防御。炮击所消耗的弹药相当于进攻第一天炮火准备时候的总量。当部队转入冲击阶段后，炮兵即以逐次集中射击的方法进行火力支援，掩护坦克和步兵的前进，同时，采用"越点进攻"的新战术，加速向德军防御纵深推进的速度。

4 月 17 日凌晨，白俄罗斯第 1 方面军在 30 分钟的炮火准备后在多个地段上发起了进攻，随后，苏军将大部分炮火用于直接瞄准射击，增加对德军兵力武器压制的效果。

为了阻止苏军的进攻，德军从预备部队中抽调了四个师加入战斗，对高地的争夺更加激烈。

苏军近卫第 8 集团军与近卫坦克第 1 集团军各部队密切协同，于当日中午攻占了泽劳弗高地。共青团员罗达连科高喊着"斯大林格勒的战士们到了"，第一个冲上敌军阵地，命令德军投降。近卫军中士卡特阔夫把红旗插在了高地上。

高地上一片激战的痕迹：德军被烧毁的坦克，被炸毁的火炮，密集的弹坑，遍地的尸体……

4 月 21 日，白俄罗斯第 1 方面军完全攻克了奥得河防线，突破了德军的第 1、2、3 防御地带和东北部的外层环行防线。

从 4 月 16 日到 21 日，白俄罗斯第 1 方面军经过顽强的战斗，其右翼向西推进了2452 公里，中路达 65 公里，左翼为 1435 公里。每个昼夜的平均推进速度分别为右翼48.7 公里，中路 10.8 公里，左翼 2.3~5.8 公里。

整个战斗是激烈的。交战是在空中和地面包括柏林在内的整个防御纵深内进行的。德国法西斯部队进行顽强抵抗，企图不惜任何代价阻止苏军进入柏林。结果双方在人员和武器装备方面遭受的损失都很大。不过，从苏军取胜的角度而言，在 6 天的时间里，白俄罗斯第 1 方面军击退了德军第 9 集团军主力 16 个师，其中 6 个师是在战斗过程中从坦克第 3和第 4 集团军调到该集团军的。德军损失官兵 7.8 万余人，其中击毙 6.5 万，俘虏 1.3 万，损失坦克和自行火炮 292 辆，飞机 566 架。

这次进攻是在异常复杂的情况之下进行的。在最困难的几天，方面军进攻时候的右翼是暴露的。苏军需要攻克由德军预先占领的从奥得河起的纵深地带的严密防御，包括坚固设防的柏林在内。此外，每天都要抗击来自德军预备队和柏林城防部队以及兵团的反冲击。突破敌人每道防御地带都要进行炮火准备和航空兵火力准备。好在该方面军空军握有制空权，给发动进攻创造了有利条件。而敌军已经丧失了有效地利用自己的航空兵保护自己部队的战斗队形、后方，特别是奥得河各个渡口的可能性。

从 4 月 16 日到 21 日，该方面军空军第 16 集团军共出动飞机 19245 架次，空军第 18 集团军共出动飞机 1794 架次，空军第 4 集团军共出动飞机 440 架次，加起来共 21479 架次。

从指挥上讲，该方面军做到了最大限度的集中指挥。方面军司令员每天都要下达命令或者战斗号令，以具体规定各个集团军的战斗任务。朱可夫元帅的指示涉及到改进组织战

▼ 苏军白俄罗斯第 3 方面军对东普鲁士德军展开攻击。

▲ 1945 年 5 月 6 日，苏军乌克兰第 1 方面军的士兵用 14.5 毫米反坦克步枪轰击德军防御据点。

斗和军队指挥，夺取敌军大支撑点的方法以及组织指挥和组织后勤等。集团军首长常常不得不干预纯战术性质的问题。如各集团军司令员曾经向部队发出对敌支撑点实施机动的指示，以期避免对他们实施正面突击等。此外，集团军司令员以及集团军司令部每天都要研究和协调与友邻部队以及各个兵种部队之间的协同作战问题，研究其所属兵团的组织指挥和整个部队后勤保障工作等方面的问题。

此外，白俄罗斯第 1 方面军在柏林方向开始转入进攻以前和在 4 月 16 日到 21 日攻克德军防御地带的过程中，均在部队进行了大量的军队动员工作。该方面军要求正确对待德军被俘官兵，以戳穿德国宣传机器所宣传的"沦为西伯利亚俘虏之悲哀和受到的侮辱"之类的鬼话。所有这一切，都是取得战斗胜利的不可缺少的因素，正是在这种作用下，苏军终于突破奥得河防线，向柏林发起了进攻。

当朱可夫的白俄罗斯第 1 集团军在泽劳弗高地久攻不下的时候，斯大林给朱可夫打电话说科涅夫的部队进攻比较顺利，可以命令他的两个集团军从南面突击柏林。

在进攻柏林的道路上，出现在苏军面前的另一道防线就是尼斯河。该河的对岸到处都是防御工事，处处布满了地雷，并且拉上了铁丝网。在整个防御线上，还有许多坚固的堡垒，这些堡垒都是由一些古老的城市建筑而成的，如古本、福而斯特、摩斯高等。

根据苏军最高统帅部的作战计划，突破德军尼斯河防线的任务将由乌克兰第1方面军来完成。在司令员科涅夫元帅的指挥下，该方面军官兵也于4月16日发动了进攻。

进攻开始之前，该方面军同白俄罗斯第1方面军一样，也命令所属各个部队派出侦察分队进行侦察。

不过，他们在开始进攻的方式上却与白俄罗斯第1方面军不同。这主要是因为乌克兰第1方面军在维斯瓦河—奥得河战役中未能在尼斯河西岸占领登陆场。因此，在这次发动进攻时候，乌克兰第1方面军决心首先强渡尼斯河，进行夺取登陆场的战斗。

方面军司令员科涅夫认为，渡河时候绝对不能使用探照灯，因为如果探照灯把间隙地带照亮，那对渡河部队必将不利。恰恰相反，部队官兵需要的是尽可能隐蔽地接近河岸，在夜色掩护下悄悄渡过尼斯河。

苏军为了成功地实施这次大规模袭击，隐蔽工作的确做得很好。他们把大量的兵力、火炮以及其他装备秘密地集中到岸边的森林里，集中于多沼泽的尼斯河岸。白天，他们静静地藏起来，一到晚上便向河边靠近。谁也不敢吸烟，谁也不敢大声说话。白天，当德军侦察机进行侦察时，看到的只是无边无际的森林。工兵们甚至把坦克履带的痕迹都掩盖了起来。

4月16日6时15分，乌克兰第1方面军开始实施火力准备。方面军司令员科涅夫来到第13集团军观察所亲自指挥作战。苏军炮弹呼啸着飞过尼斯河，雨点般地落到了德军阵地上。与此同时，该方面军航空兵也对河对面的德军进行了猛烈的轰炸，德军阵地立即变成了一片火海。

6时55分，乌克兰第1方面军第1梯队各师的加强营开始强渡尼斯河。

7时5分，轰炸机第1梯队出现在战场上空。由于炮弹爆炸和森林起火增强了烟雾浓度，所以不得不把预先准备的航空兵密集突击改为按梯次实施。以1827架飞机为一个编队，导向目标区，以便更安全地在目标地域上空机动以及更好地搜寻目标。

8时30分，强击航空兵对德军实施了集中突击。

8时40分，第1梯队各师开始在尼斯河西岸发起冲击，引起了德军的激烈抵抗。为了防止苏军突破防御战术地带，和尔后向纵深发展，德军从预备队中调来了第21坦克师和"元首卫队"坦克师的部分兵力，从而使乌克兰第1方面军的进攻速度迟缓。

当军队进攻受阻后，方面军司令员决定把第3、第4坦克集团军投入战斗，以加强进攻的突击力量。然而，尽管这样，苏军的进攻仍然遇到相当大的困难，挺进得并不顺利。

这样，苏军部队不得不在弹痕累累、雷场密布和到处都是防坦克壕的地段上前进，花费了很多精力去不断地排除各种障碍。

此外，森林沼泽中的大火也常常挡住他们的去路，使他们无法高速向前推进。由于受到德军的疯狂抵抗，他们甚至每通过一个城镇和村庄都要经过浴血奋战。

因此，乌克兰第1方面军主要突击集团在第一天只是向前推进了813公里，未能完成当日的任务。

在德累斯顿方向上，方面军第52集团军和波兰第2集团军一天之内前进610公里，突破了德军较为薄弱的防御地带。

4月17日，乌克兰第1方面军主力突击集团开始对德军第2防御地带实施突破。

由于受德军的反突击，方面军司令员立刻命令近卫坦克第3、第4集团军协同各个合成集团军，以粉碎敌人的反突击，突破德军第2防御地带。

各集团军准确选择了主要突击方向，很快分割了德军防御部署，歼灭了大量敌人。到当日战斗结束前，苏军在15公里正面上突破了德军第2防御地带。并在斯普里堡方向上造成了突破第3防御地带的有利条件。

与此同时，在辅助方向上行动的军队也突破了第2防御地带，正向第3防御地带推进。

德军在第2防御地带的防守战斗中失利以后，妄图在第3后方地带利用斯普里河西岸强大水域这一有利地形进行有组织的抵抗。为达到这个目的，德国法西斯统帅部4月17日下午就开始把部分兵力撤退到第3防御地带。

德军第2防御地带被突破后，他们在两天的战斗中已经损失了科特布斯方向上的主要战役预备队。这给乌克兰第1方面军加速进攻和从行进间一举突破德军第3防御地带创造了有利条件。

然而，要突破第3防御地带，困难仍然是相当大的。因为苏军不得不强渡又一条大河——斯普里河。

德国法西斯统帅部已经在第3防御地带做好了阻击苏军的准备，为了加强这种阻截，德军又继续在该防御地带组织更多的军队进行抵抗。着手从预备役和其他战线调动兵力。德军企图为防守第3防御地带内的主要抵抗枢纽部——科特布斯、施普伦贝格建立最强大的集团。

4月18日，德军向科特布斯到施普伦贝格的第3防御地带调来了1个预备兵团、步兵第275师、1个元首近卫坦克师和党卫军"弗伦斯贝格"坦克第10师。此外，伞降摩托化第2师和步兵第344师也开始到达施普伦贝格以西26公里的曾夫滕贝格地域，步兵第

214 师也将部分兵力调至科特布斯地域。同时,德国法西斯统帅部对乌克兰第 1 方面军突击集团的左翼实施反突击,以阻止苏军的进攻。

同一天,乌克兰方面军开始强渡斯普里河。该方面军第 7 机械化军和第 27 步兵军的部队首先渡河,并在河对岸建立了登陆场,以保障主力部队顺利渡河。到 18 日战斗结束之前,科特布斯以南已经形成一个统一的登陆场。

4 月 19 日晨,近卫坦克第 3、第 4 集团军和第 13 合成集团军全部渡过了斯普里河,并在这个登陆场上占领了进攻出发阵地。

在整个战斗中,该方面军炮兵部队的迅速开进和密切配合,减轻了这次战斗的困难,他们的强大火力保证了渡河的成功。

此外,该方面军舟桥和工兵部队也对战斗的顺利进行起到了重要的保障作用。舟桥第 126 营的舟桥兵们仅用 3 个小时的时间就架设了一座 60 吨级的桥梁,工兵部队也在很短的时间内完成了一座 30 吨级桥梁的架设任务。到 4 月 18 日战斗结束之前,该方面军在斯普里河上共架起来 4 座桥梁。

从 4 月 16 日到 18 日,经过整整 3 天的紧张战斗,乌克兰第 1 方面军诸部分别在福斯

▼ 柏林巷战中,苏军士兵冒着德军的枪林弹雨冲锋。

特至穆斯考 35 公里的地段，和施泰因巴赫至彭齐希 20 公里的地带上突破了尼斯河防线，并在这两个方向上向前推进了 30 公里。平均每个昼夜前进速度为 10 公里。

在 3 天的激战中，乌克兰第 1 方面军共歼灭德军约有 14 个师，为各坦克集团军迅速向柏林机动，完成突击与合围柏林的任务创造了有利条件。同时也为方面军合围集结在法兰克福—古本地区的德军集团提供了可能性。

4 月 19 日，尼斯河西岸，经过一昼夜的激战，乌克兰第 1 方面军已经于黎明以前在斯普里河西岸、史普里堡以东南北一线占领了一个正面 10 公里、纵深约有 5 公里的登陆场。

其左翼，著名的一望无际的摩斯大维尔福斯特大森林，被沉沉的炮火笼罩在茫茫火海之中，数不清的栗树、芳香菩提树、槭树、云杉、松树等不甘死亡地在熊熊的战火中痛苦地呻吟着，给人以难以忍受的沉闷之感。

No.4 柏林防线崩溃

乌克兰第 1 方面军指挥所。

一阵急促的电话声把伏在军用地图上沉思的科涅夫元帅唤醒，他放下手中的铅笔，静静地听着参谋长彼得罗夫将军和对方通话，急于知道电话内容。

电话是第 13 集团军司令尼克拉·巴甫洛维奇·普霍夫将军打过来的。

"元帅同志，普霍夫报告说在科特布斯地域和施普伦贝格地域分别发现敌重兵集团，在其后方发现前几天未被消灭的敌集团军正在调整部署。"彼得罗夫报告说。

科涅夫元帅紧紧盯着画满各种标号的地图，边听报告边不安地问："坦克集团进入战斗了吗？让第 13 集团军把情况查准，迅速报告。"

尼克拉·巴甫洛维奇·普霍夫将军的第 13 集团军奉命保障列柳申科和雷巴尔科的坦克集团军进入突破口。此时，他们已经完成了保障任务，并在突破口中央深深地楔入德军的配置地域，跟着坦克集团向西乘胜前进。

进攻中，侦察员报告在其两翼仍然有敌人的重兵集团，一个在右翼科特布斯地域，一个在左翼施普伦贝格地域。为了使方面军指挥所及时掌握各种情况，普霍夫将军报告说他已经使 4 个师的兵力对付德军重兵集团。因此，集团军正在同时向西、向北、向南进行战斗。而向西，即向德布雷考、施利本、察纳进攻的只有 2 个师，即步兵第 102 军的第 172 师和步兵第 27 军的近卫第 6 师。不难看出，普霍夫对这种处境感到不安。

"命令炮兵第 16 旅，以猛烈的炮火压制科特布斯地域和施普伦贝格地域之敌，掩护普霍夫集团行动，命令第13集团军、第5集团军迅速调整部署，继续扩大登陆场，并务必于日终前突破敌人第3道防御地带，同时，将战斗进展情况向大本营报告。"科涅夫元帅严肃地对作战部长科斯特列夫将军和值班参谋说。

看着值班参谋去传达命令，科涅夫元帅又将参谋长和作战部长等召集到地图前，开始对德军下一步的企图和各个集团军应该采取的进一步行动做研究，尔后，决定亲自去普霍夫观察所看一看。

第13集团军观察所里，尼克拉·巴甫洛维奇·普霍夫将军正在和参谋长马兰金等研究刚刚收到的战斗报告，前方观察所报告德军革利兹集团已经开始组织反冲击。

"果然是从这儿来的。"参谋长马兰金将军用铅笔在相应的地方重重地画了一个箭头。尔后，在标志集团军主力行动的队列中轻轻分出一个小箭头，从侧翼指向东南面的德列布者地区，他抬起头来用右手利索地做了个斜劈手势，"我看就把反冲击之敌消灭在这儿！"

普霍夫放下机要员刚刚送来的电文，快速地在上面写了几行字，指示机要员马上去办，立即又将目光集中在马兰金将军刚刚标好的地区上。他两手交叉，抱在胸前，炯炯的目光不停地在主攻方向与德军反冲击方向上搜索着。似乎要通过密密麻麻的标记，读出敌人的行动企图以及自己应该采取的对策。须臾，他拿起刚刚在电文上作过批示的笔，用笔尖指着参谋长标示的粉碎敌人反冲击的路线说：

"再往后靠靠怎么样？让敌人再往我腹中钻钻，不是更有利于我们两翼迂回，钳击制胜吗？"

稍加思考，参谋长将预定反冲击的方向选在靠近13集团军纵深的波斯地坦，等普霍夫同意后，他又建议使用步兵第280师和步兵第350师执行抗击敌人反冲击的任务。其中，步兵第280师在施特拉多、维斯科地区展开战斗，由北向南从侧面歼灭反冲击之敌，步兵第350师在黎克瓦尔西侧至彼得斯海因东侧展开战斗，在行进间粉碎敌人反冲击。

"我看可以，"普霍夫同意方案后，吩咐参谋长直接和各军长通话。

"可惜能见度不好，不能使用飞机，真是便宜了这帮家伙。"作战参谋契耶夫斯基一边起草着粉碎德军反冲击的命令，一边自言自语。

"谁说便宜他们了？"不知什么时候，科涅夫元帅已经走进了观察所，他在向普霍夫还礼的同时，接着契耶夫斯基的话茬问。

契耶夫斯基急忙立正，敬礼，而后悄悄地退到一边。

听了普霍夫的汇报后，科涅夫又就当前应该注意的几个问题做了详细的指示，看到普霍夫不断地看表，元帅问将军：

"你是不是有什么事情要办？"

"我很想去主要方向上看一看。"

"好啊，我也正想去，咱们就一道去好了。"

"不，元帅事情很多，我看您不要去，待我去后再向您汇报情况吧。"

考虑到安全问题，普霍夫将军婉转地拒绝着。

"你是不是又怕我去找列宁同志报到啊？"

元帅善意地笑了一笑后，果断地说：

"走！不到前面看看，我的心是放不下的。"

几乎和科涅夫元帅同时，白俄罗斯第1方面军司令员朱可夫元帅也走出了方面军指挥所，他来到近卫坦克第1集团军司令员卡图可夫将军的观察所。昨天夜里，他定下了紧跟敌军、迅速冲入柏林、同时以一部分兵力从东西和东北面包围柏林的决议，并给各个部队明确了任务以及打法。现在，他要深入各个单位亲自检查一下落实方案和进展的情况。

坦克第1集团军的进攻是于中午开始的。

12时30分，集团军各个部队依据方面军的命令全线向前推进，冲在最前面的是由近卫上校团长伊万·费奥多罗夫维奇·苏霍鲁夫指挥的近卫步兵第82师第242团，他们的主要任务是攻占进攻柏林的必经之地——赫贝格。

明赫贝格是个小城镇，但是由于其地理位置重要，因而被德军选作支撑点，并且在其正面布设了大量地雷，敷设了许多障碍，构筑了不少防御工事。无论从哪个角度讲，正面进攻都要付出很大的代价，因而，上级赋予近卫步兵第242团任务的时候，特别强调要从侧后入手，卷击敌人。

经过几次勘查和深思熟虑之后，苏霍鲁夫命令以最快的速度沿着从奥得河延伸过来的道路前进，迅速靠近明赫贝格。苏霍鲁夫命令其第3连留下，团主力后撤一段时间后神速地突入明赫贝格以北的森林，尔后以协调一致的冲击，从翼侧和后方突入市内。他命令步兵分散成小组，随同坦克和自行火炮行动，仅用半天的时间就攻下了明赫贝格，最终以微小的代价，完成了上级交给的任务，为方面军主力迅速突入德军纵深作出了突出的贡献。

"我们要给苏霍鲁夫授予英雄称号。"听完卡图可夫将军的汇报，朱可夫元帅激动地说。他号召全体官兵向因为胸部和腿部严重受伤而住院抢救的苏霍鲁夫上校学习，并叮嘱卡图可夫将军代他向苏霍鲁夫上校表示慰问。

乌克兰第1方面军指挥所。科涅夫元帅端坐在军用地图前，一边预想着各集团军的进展情况，一边听作战科斯特列夫报告各方面的进展情况：

▲ 为苏联红军打通进往柏林道路一条河流上的浮桥

　　"雷巴尔科近卫坦克第 3 集团军的坦克第 6 军正在向柏林外围的巴鲁特城进攻，发展较为顺利。普霍夫的近卫第 13 集团军正在以两个军的兵力在近卫坦克第 4 集团军协同下，向西进攻，现已进至巴鲁特西南 40 公里处，继续向贝尔奇希方向发展进攻。扎多夫的近卫第 5 集团军正在以一部分兵力向西推进，另以一部分兵力协同普霍夫集团进攻。"

　　"好，照这样的速度，日终前进入柏林外廓，割裂维斯瓦集团军群和中央集团军群的联系是不成问题的。"元帅的脸上露出一丝不易觉察的笑容，而后接着说：

　　"能否顺利地达到预想目的，关键看戈尔多夫集团和雷巴尔科集团能否顺利消灭科特布斯集团，迅速攻占巴鲁特城。走，我们就到戈尔多夫那里去。"

　　他叮嘱参谋长要准确了解情况，重大问题及时向他汇报，随后即驰车赶往第 3 集团军方向……

　　巴鲁特位于柏林东南面约 50 公里处，是柏林重要的外围屏障，也是被称为"军队的大脑"的德军总参谋部的大本营——陆军总参谋部——措森的咽喉以及重要依托。由于它具有重要的地理价值，因而被兵家称为通往柏林的门户，守卫柏林的"门闩"。也就是说，拿下了这个要地，就等于拿到了进入柏林的第一把钥匙，打开了通往柏林的第一道大门，开辟了进入柏林的通路。执行攻占巴鲁特地域任务的是米特罗法诺夫少将率领的近卫坦克第 6 军。经全面分析，米特罗法诺夫决定由近卫坦克第 53 旅担任主攻，以近卫坦克第 52 旅作为助攻，在炮火的掩护下，在较短的时间内拿下巴鲁特，进军措森城。

进攻发起前，军长正式向近卫坦克 53 旅和 52 旅下达了命令：近卫坦克 53 旅以 3 个加强营从东南进攻巴鲁特，在行进间拿下该城，近卫坦克 52 旅以部分兵力从西南实施迂回进攻，其任务是前出到敌人守备部队的后方，协同坦克第 53 旅消灭据守该城之敌。

"我只能给你们半天时间，你们要不惜一切力量，周密部署，勇猛冲击，坚决为后续部队进攻柏林打开通路。"将军命令着，而后他又严肃地问："有什么问题吗？"

"没有！"两个旅长异口同声地回答道。

"好！"军长走到旅长身边，紧紧地和两个旅长握手。

他激动地说："我相信你们，期待你们马到成功！"

他决定随着两个旅行动。

随后，军长又转向炮兵指挥员：

"你们要以强大的火力急袭，摧毁巴鲁特的防御工事，尤其是坚固街垒。配属给你们的炮兵第 1645 团和在射距范围内的坦克、自行火炮都参加炮火准备。"

巴鲁特守城德军已经炸毁一切通向城内的桥梁。并且在各条道路上设满了鹿砦，在道路的交叉点上埋上了地雷。陆军大本营命令该城守军要不惜一切代价，守住该城，为大部队调整部署争取时间。并指示：由于戈尔森失守，原先从柏林派出的准备增援戈尔森方向的预备队全部留在巴鲁特，参加坚守巴鲁特的战斗。

依据总参谋部的命令，巴鲁特守军急令全城居民加强防御，要与小城共存亡。但是还没有等到他们为增援的预备队分配具体的任务，呼啸的炮弹就铺天盖地而来，仅仅几分钟过后，巴鲁特城就成了一片火海。凶猛的炮弹排满了巴鲁特，几乎没有一个角落被遗漏掉。炮弹如同长了眼睛一样，钢筋混凝土防御工事被摧毁了，炮兵阵地被压倒了，一个个防坦克障碍物相继抛向空中，又散落着分向四方。刚才还在紧紧张张进行战斗准备的小城，顷刻间变成了一片废墟，暴露于地面的人员也所剩无几。

必须承认，德军作战是很顽强的。多年来的战争实践，使他们学会了如何对待战争。炮火刚过，他们立即先后爬出了掩蔽部，占领了各自的战斗阵地，但是苏军的冲击速度是他们始料不及的，他们还没有来得及仔细观察周围的情况，强大的冲击队就锐不可当地楔入了他们坚守着的阵地，碾进了他们的战壕。

最先冲入巴鲁特城的是由先尼科夫少校指挥的摩托化冲锋枪营。在一片"乌拉"的喊声中，双方展开了白刃格斗。

伊武什金大尉率领的第一营进来了，他们以迅雷不及掩耳之势攻占了巴鲁特火车站，驱散并消灭了近千名守敌，夺取了完好的坦克 8 辆，又投入了纵深战斗……

战至 13 时，巴鲁特守敌已经全部肃清，两个旅又向措森方向展开了进攻

当太阳昏昏沉沉地落入西方地平线时，乌克兰第 1 方面军的坦克集团已经前进了 45～60 公里，前出至多普痕地域和柏林防御远郊围廓的接近地，直接威胁着德军第 9 集团军的后方。普霍夫的第 13 集团军已经前进到芬斯太尔渥尔杰地域，坚决隔断了维斯瓦集团军群和中央集团军群的联系，从而将德军战线分割成两个部分：维斯瓦集团军群的左翼被逼向北面，成了苏军各坦克集团军的链下之鬼，中央集团军群的左翼则被逼向南面。近卫第 3 集团军切断了科特布斯敌兵集团西退之路，近卫第 5 集团军顽强地攻占了史普里堡。

全面分析了一天的情况，并认真听取了指挥部人员的意见以后，科涅夫元帅决定让方面军的第 2 梯队，由鲁钦斯基将军指挥的第 28 集团军在措森、巴鲁特方向进入战斗，向柏林方向发起进攻，并消灭柏林东南森林中的敌人。

白俄罗斯第 1 方面军当中，由波格丹诺夫将军指挥的近卫坦克第 2 集团军，在库兹涅佐夫将军指挥的突击第 3 集团军的进攻地段上突入了贝尔格地域，突击第 3、第 5 集团军和近卫第 8 集团军已经突破敌人第 4 防御地带的防御，正向纵深开展进攻，近卫坦克第一集团军已经前进至卡格尔、菲尔斯滕瓦尔格、艾尼肯多夫地域。

白俄罗斯第 2 方面军的主力虽然没有向德军发起进攻，但是其第 1 梯队师的几个团，奉命于 4 月 18 日至 19 日强渡了奥得河东支流，在复杂的河滩上占领了河间地，并前出到西支流，为主力的进攻占领了出发位置。同时，该方面军以积极的作战行动在宽大地带内牵制了相当多的正面德军，使其无法向柏林接近地调动兵力，有力地支援了白俄罗斯第 1 方面军和乌克兰第 1 方面军的进攻。

到 4 月 20 日，参加柏林战役的 3 个方面军，都已经形成向柏林城区推进的有利态势。德军最高统帅部 4 月 20 日的作战日记记载：

"对最高指挥机构来说，德国武装力量悲惨死亡的最后一幕业已开始……一切都是在匆忙之中进行的，已经可以听见俄国坦克在远处开炮……情绪十分沮丧。"

当报告传到苏军最高统帅部大本营的时候，斯大林的脸上出现了近日少有的轻松。他知道尽管进展速度不如他设想的那样神速，但是 3 个方面军的战役进展十分顺利，德军借作屏障的奥得河已经被他的军队征服，并被毫不留情地抛在了后面。至此，德军防线已经被冲破，其庞大兵力正被包围在柏林东南，他们灭亡的时日已经近在眼前。

第四章

乘虚而入 突破西线

　　朱利金半开玩笑地说："你看到远处的小黑点了吗？那就是雷马根的大桥。要是你能够把桥攻下来，你的大名将流芳后世。"艾森豪威尔又回到餐桌，心里特别高兴，他向众人感慨道："这可能是我们的一个转折点。"一个多星期以后，苏军先头部队终于进抵易北河，美苏两军指挥官们相互进行了拜访。

No.1 强渡莱茵河

希特勒孤注一掷在阿登地区发动的反击战失败了。

战争的主动权重新回到了盟军手中。

原先因为阿登战役而搁浅的盟军西线进攻计划现在又重新拾了起来。经过反复研究论证，1945 年 1 月中旬，艾森豪威尔把它呈报给盟军最高统帅部会议。

在东线苏军大举进攻、对柏林构成严重威胁以后，希特勒不得不从西线调出 7 个师去加强对东线的防御。但是西线还是留有 59 个师的兵力，他们企图依托沿着西部边境线构筑的齐格菲防线和天然屏障莱茵河，阻止盟军向德国本土进攻。

齐格菲防线犹如一道坚硬的外壳，保护着德国的西部边界。防线北起荷兰安平东南，南至瑞士与德国边界，全长约有 600 公里。防线北段在莱茵河以西，南段在莱茵河以东，防护着鲁尔和萨尔两大工业区。攻克齐格菲防线，即破坏了德国的经济命脉。为了尽快打破这个防御外壳，向德国本土推进，艾森豪威尔把这个总的行动计划分为三个阶段：首先是突破齐格菲防线，肃清莱茵河以西的敌军；第二步强渡莱茵河，并合围鲁尔地区的德军集团；而后发动最后的进攻，进抵易北河与苏军会师。

为此，艾森豪威尔把蒙哥马利指挥的第 21 集团军群部署在北部下莱茵河地区，并决心在这儿实施主要突击；把布莱德雷指挥的第 12 集团军群部署在南部萨尔盆地，配合中路军队实施向心突击，歼灭那儿的德军集团。这是智慧和经验的结晶。

这一战役胜利完成以后，盟军最高统帅部的参谋长史密斯说："在我所知的战役中，这一次最不走样地按照指挥官的指定计划执行。除了一次小小的例外，战役完全按照最高统帅部原先的估计发展。"若干年后，艾森豪威尔还记得那个计划给他带来的兴奋，他引述美国南北战争时候南军总司令罗伯特·李的话说："幸亏战争是可怕的，否则我们会变得喜欢它。"

但是英国人却提出了异议。

英国人担心艾森豪威尔会延误蒙哥马利强渡莱茵河的计划。英国陆军参谋长布鲁克提议，他希望把布莱德雷的第 12 集团军群部署在鲁尔的北面，把英军部署在中央。

这事最终捅上了"天"，盟军最高统帅部不得不向罗斯福和丘吉尔递交书面报告。报告写道："最高统帅确信，只要在作战行动上是办得到的，他就夺取莱茵河北岸诸渡口，而不必等待消除莱茵河整个河岸的敌人后才采取行动。而且，一旦南部的形势能够允许他调集必要的兵力而不致过度的危险，他就以最大的兵力和无比的决心在北部强渡莱茵河。"

报告重申，把辛普森的美军第 9 集团军置于蒙哥马利的指挥之下，直到战争结束。这就是说，把整个突破莱茵河攻势的"左肩"重心，由蒙哥马利的部队承担。

这下蒙哥马利满意了。有人欢喜就有人愁。让自己给蒙哥马利的主攻作穿插攻势，这对于巴顿和霍布斯是一个打击。

巴顿决定自行其是，他是懂得怎么样不经过允许就可以直接进攻的。巴顿问布莱德雷："我能够继续采取一次侦察行动吗？"布莱德雷明知他是要发动一次全力以赴的强攻，但还是同意了。这几乎是他们之间密码式的语言。

1月24日，霍布斯和巴顿一同在巴顿的司令部研究作战方案，布莱德雷也参加进来，决定先由霍布斯在星期天发动进攻。

突然，电话铃响了。

这是盟军最高统帅部英国军官惠特利将军打过来的。他告诉布莱德雷，今天英军已经发动进攻，要求再撤出几个师，去支援英军。

布莱德雷异常愤怒，他吼道："为了一次十分次要的行动，不惜要我们放弃一次稳操胜券的战斗。"这是巴顿第一次看到布莱德雷发火，他那瘦手紧握话筒，怒气冲冲地警告惠特利，如果他要破坏整个战斗，那么他就这么做好了。

巴顿站在布莱德雷背后，故意提高嗓门，冲着话筒咆哮："告诉他们，见鬼去吧！我们三个都要辞职，我第一个。"

布莱德雷继续说道，激动的声音都颤抖了："还有比抽调军队更危险的事，那就是美国士兵、军队和他们的指挥官们的盛誉和才干将毁于一旦！你若是觉得非要调动军队不可，我认为，你可以调动第21集团军群中那些该死的任何一个师和军团，你们要同他一起爱怎么干就怎么干，至于我们你们不要管，我们的屁股将稳稳的坐定直到结成冰块。"

"希望你不要怪我发脾气，"布莱德雷最后说，"我实在被你们气疯了。"

当他"砰"的一声丢下话筒时，前来围观的美国军官都拍起了大巴掌，为将军助威。

但是几天后，布莱德雷打电话给巴顿，严肃地告诫他：没有他的命令，不要轻举妄动。并把他的第95师调拨给辛普森的第9军，而且有五六个炮兵营也要调给他。

巴顿早就有个宏愿："第一个出现在莱茵河上的必定是我。"他唯恐战争将在他及其部队的防守状态中结束，而这时蒙哥马利却取得了足以大肆张扬的胜利。他越想越窝火，决定到巴黎去休假。

这是1942年10月以来他第一次离开战场。

在阿登反攻之前，蒙哥马利就一直在筹划越过莱茵河的作战计划。1月底，冰雪融化，默兹河的水位一天之中就上升了2米，致使洪水泛滥，尽管如此，2月8日早晨5时，越过莱茵河的作战行动准时发动。

上千门火炮持续轰炸了 10 个小时，900 架轰炸机对莱茵城堡进行了猛烈的轰炸，而后，由担任攻击的加拿大第二师开路。这一仗打得很漂亮。2 月 12 日，许多德国官兵一枪未放，集体投降。

由蒙哥马利指挥的第 9 集团军于 3 月初首先进抵莱茵河。集团军的指挥官辛普森发现，这里有一条流经莱茵河的运河，通过运河运载人员物资，德军是不易发现的。但是，这个主意被蒙哥马利否定了。他说："就算你们渡过去了，在这以后你们能干些什么呢？"

辛普森明白，蒙哥马利计划他自己的渡河方案已经有一个月了。他不愿意让任何人占了他的上风。

霍布斯和巴顿两人都已经向前推进了很远。但是他们被艾森豪威尔牵扯住了，只要蒙哥马利没有到达莱茵河，霍布斯就不能攻打科隆，巴顿就不能攻打科布伦茨。

巴顿苦恼极了，他对布莱德雷说，历史将谴责美国最高统帅部软弱无能。他一再要求布莱德雷让他攻打科布伦茨。万般无奈，布莱德雷对他说：如果有机会，他可以攻打。

2 月 27 日，机会来了，临时借给巴顿的第 10 装甲师已经前进到离古城特里尔 10 公里的地方，一旦德军从那儿被赶走，他们别无出路，只能一直退到莱茵河。

第 10 装甲师继续前进，直捣特里尔。一个俘虏供认，他的任务是及时把美军到达的消息传给负责拆毁摩泽尔湖上两座桥梁任务的部队。

理查逊中校决定完整的夺取这两座桥，他派出一半兵力到北边那座桥，但是这座桥在他们到达之前被炸掉了。前面那座桥叫皇帝桥，是罗马时建造的，理查逊亲自带队夺取这座桥。

那天晚上，月亮正圆，理查逊用 50 毫米口径的机枪射击着爬到桥头，命令步兵和 5 辆坦克过桥。6 个喝醉酒的德国兵竭力要把另一段的通道炸掉。但是，他们刚刚把火药点燃，美国兵已经扑了上来。

巴顿拿下特里尔以后，既可以沿着摩泽尔河顺流而下直抵科布伦茨和莱茵河，也可以折向东南进逼萨尔工业区。无论他选择哪一个方向，谁又能阻止他呢？但是就在这个时候，有人给他送来一份美军最高统帅部的电报，命令他避开特里尔。

电报认为，夺取该城需要 4 个师的兵力。

巴顿的回电妙趣横生："我用两个师的兵力夺取了特里尔。你们要我干什么？是不是把它再还给德国？"

尽管德国对盟军越过莱茵河战役的反应迟钝，但是，盟军越过鲁尔区已经把他们的目

▲ 丘吉尔同蒙哥马利（右一）、辛普森将军（右二）、布鲁克元帅（右四）在莱茵河地区的合影。

标暴露无遗。2月25日，西线总指挥员伦德施泰特元帅再次向希特勒请令，他说："假如不全面撤出莱茵河，整个西线将彻底崩溃。"

没有人理睬他绝望的呼唤。伦德施泰特再次求救，他要求在鲁尔区和默兹河的汇流处能够稍稍后撤，这一次，柏林干脆回答不同意。2月27日，一封希特勒签署的电报随之而来，电报通知伦德施泰特全面撤退，连考虑都不能考虑。

几天以后，希特勒在一次会议上讥笑了伦德施泰特的后撤要求。他说："这些人完全没有远见性，后撤意味着把灾难从一个地方搬到另一个地方。"

盟军部队在航空兵的支援下，势如破竹，进展神速。辛普森在2月23日渡过了罗埃尔河，到3月1日推进到莱茵河。在北面，英国第2集团军和加拿大第1集团军逼近莱茵河。而蒙哥马利开始了渡河的准备工作。在南面，霍布斯3月5日抵达莱茵河畔的科隆，3天后巴顿也达到莱茵河。

正如艾森豪威尔所预料的，德军坚持在莱茵河以西作战。在战役结束时，艾森豪威尔举行记者招待会。有一个记者问他，你认为是希特勒，还是德军总参谋部作出这个决定的。艾森豪威尔回答："我认为是希特勒。在我们看来他应该这样干的时候，他却做了别的。"

由于希特勒的决定，德军受到致命打击。在莱茵河西线战役中，德军被俘25万，20多个师被彻底消灭。德军现在只有30多个师来防守莱茵河。

3月1日这天，辛普森占领了门兴格拉德巴赫。

这是迄今攻克的德国最大城市，距离莱茵河只有3公里。

这个地区的莱茵河上有8座桥，只要辛普森能夺取其中任何一座，就可以从这儿首渡莱茵河。

这下可解了艾森豪威尔的围。

在北部，蒙哥马利已经得到艾森豪威尔的许诺，将首跨莱茵河的殊荣交给他，即使在南部的霍布斯和巴顿先抵河岸，也要坐等他蒙哥马利的行动。艾森豪威尔这样做在很大程度上是照顾蒙哥马利极强的虚荣心。

然而，霍布斯和巴顿虽然从口头上表示遵从最高统帅部的安排，实则心中极为不满，埋怨艾森豪威尔偏袒英国人，同时私下里也打好自己的小算盘，一定要同英国佬比个高低。

辛普森则不同，他具有双重身份，既是美国第9集团军的司令，又在蒙哥马利帐下听令。假如他能够首先夺桥，美国人和英国人都会为他欢呼，许多不愉快的小插曲就会自然而然的消失。

夺取一座完整的桥梁谈何容易。

自从拿破仑以来，还没有一支外国军队能渡过莱茵河。德军为了阻止盟军，在每座桥梁下都安装了足够的炸药，一旦感到大桥危急，瞬间就会将其炸毁。

3月2日，辛普森得知离他们25公里远的河面上有座杜塞尔多夫大桥，于是，他便组织了一支化装成德军装甲车的别动队，力争在德军炸毁之前将其占领。

当夜幕降临的时候，会讲德语的士兵爬上装甲车，和装甲车阴影下的步兵一起出发了。这些美国兵大大方方地越过了德军的防线，即使迎面而来的德军步兵队伍也没有向他们喊口令。

黎明时分，别动队已经远远地看见大桥了。一支过路的德军迎面过来，一个骑自行车的德国兵认出别动队身上的美军制服，但是，还未等德国兵喊口令，别动队已经把这支德国部队消灭了。

就在这个时候，警报器响声大作，等第一辆"谢尔曼"坦克重重地压上桥面的时候，随着震天动地的爆炸声，莱茵河里涌起巨大的水柱，当激起的水柱落下去的时候，杜塞尔多夫大桥的一大半已经无影无踪了。

在杜塞尔多夫大桥以北25公里处河面上还有一座桥，辛普森如果能夺得这座桥，蒙哥马利很可能先于苏军打到柏林，而且希特勒一定会暴跳如雷，因为这座桥的名字就叫"希特勒桥"。

担任夺桥任务的 B 独立团海因茨上校打算，先由一个步兵连飞快地穿越该桥，并使桥那头的守军失去抵抗能力。与此同时，工兵便把敌人预先安放在桥上的引爆装置拆除。

这是一次冒险行动，成功的希望不大，但是海因茨上校觉得应该试试看。

攻桥与守桥的火力交织在一起，异常猛烈。跑在最前面的四辆美军坦克被炸毁。当其他坦克推进到大桥的中段，遇到一个将近 4 公尺宽的大深坑，就再也无法继续前进了。

夜半时分，忽然一声巨响，爆炸的火光把桥后的夜空照得通亮。别动队队长霍金斯心想，德国人准是把桥炸毁了，可是天太黑，什么也看不见。因此，他命令 3 名工兵前去探路，看看还能不能越过大桥。

3 名工兵乘着夜色匍匐前进，发现大桥丝毫没有受到损坏，然后他们查看了桥墩、支架和每个连接点，有条不紊地剪断了第一根导线。

当这 3 个工兵顺着大桥爬回西岸，德国人也匍匐前进来到桥上，又用新的导线把炸药包连接好。天刚亮，就听见一声可怕的巨响，紧接着第二声、第三声……

行将出击的美国士兵的心全凉了。大桥的东半部摇摇晃晃着跌进河里，发出雷鸣般的轰响。至此，辛普森的夺桥计划宣告失败。

在横跨莱茵河的所有桥梁中，盟军最不想得到的自然是没有军事价值的桥梁了。

数月间，盟军最高统帅部在制定作战计划时，谁也没有把雷马根铁路桥当作可以通过部队的桥梁。

雷马根大桥并不是一座重要的桥梁。从西面通向雷马根的所有公路，路面都很差，而且，当进攻的部队一旦从这儿渡过莱茵河，迎面挡住去路的就是一堵高达 180 米的玄武岩峭壁。过了峭壁，在大约 18 公里的地段上，群山耸立，森林茂盛，只有一些难以使用的公路蜿蜒其间。只要德军决心抵抗，装甲兵队就无法前进。然而，无论如何，抢占莱茵河上的任何一座桥梁，都有不可估量的军事和政治意义。

3 月 6 日将近中午的时候，霍布斯的先头部队第 9 装甲师越过两支德军防线连接处的缺口，下午 4 点左右，这支部队开进距离雷马根大桥 18 公里的梅肯海姆市。

这个师的师长伦纳德准将对是否夺取雷马根大桥犹豫不决，正在这个时候，他的顶头上司第 3 兵团司令朱利金少将给他打电话。朱利金半开玩笑地说："你看到远处的小黑点了吗？那就是雷马根的大桥。要是你能够把桥攻下来，你的大名将流芳后世。"

说完，朱利金挂上了电话，就马上把他说过的话忘记了。

伦纳德把夺取雷马根大桥的任务交给 B 独立团。该团指挥官霍格准将立即派出两支快速行动部队：一支是恩格曼中校率领的两个营，任务是径直开往雷马根东部，夺取雷马根市；

一支是普林斯指挥的装甲步兵营，任务是从雷马根的背面发动进攻，伺机攻占雷马根桥。

普林斯的部队直奔东南，一路上几乎没有遇到什么抵抗。他们行进到距离莱茵河西岸还有几公里的地方，突然转向朝南挺进，渡过了阿尔河，奇袭了辛齐格城。这一行动大大出乎人的意料，躲在钢筋混凝土掩体里的德军被打了个措手不及，300个德国兵当了俘虏。进城后，一个居民告诉他们，听说雷马根大桥预定当天下午4时炸毁。

事不宜迟，普林斯一面派人给霍格准将的总部送信，一面用无线电同恩格曼的部队直接联系。与此同时，恩格曼的部队已经穿过距离雷马根5公里的小村子，走进了俯瞰莱茵河的那块高地的树林里。走在恩格曼前面的是A连1排的代理排长萨宾厄。他出生在美国纽约市的布鲁克林，现年25岁，矮小结实，一脸络腮胡子。

下午一点钟左右，他来到一个向右急转弯的路口，看到了莱茵河蜿蜒曲折和雷马根城的壮丽景色，不禁叫了起来："上帝，看看这个吧！这是多么喜人的自然景色啊！假如不是这个该死的战争，这应该是一个多么美好的时刻。"

萨宾厄惊奇地欣赏了很久，突然转身问靠他最近的一个人："你知道这条河叫什么名字吗？"

紧挨排长的里奥中士曾经在参谋部工作，是一个见多识广的人。他告诉排长，这就是闻名世界的莱茵河。大家都被那壮观的美景所吸引，仿佛战争也在一刹那停止了。

这时，部队的指挥官恩格曼中校乘着他的吉普车，飞快地来到队伍前面。他端着双筒望远镜足足在那儿观察了一分钟，清晰地看到奶牛、马匹、士兵和汽车正川流不息地通过大桥。他惊奇万分，兴奋莫名：这次，一个天外飞来的运气又来了。

他命令A连步行前进，开进雷马根，C连过几分钟，再乘坐半履带装甲车尾随其后。然后转向第14装甲营的约翰·格林鲍尔中尉，命令道："约翰，我要你向雷马根突击。你要用坦克护卫大桥，不管什么人企图来炸桥，你都把他们干掉。"

络腮胡子排长萨宾厄奉命攻占雷马根大桥。他们抄近路从葡萄地里的一条小路翻过山头，沿着河岸朝雷马根走。出城向东不到1公里，萨宾厄就看到两座像碉堡一样的炮楼，那就是雷马根大桥的最西头。

守卫雷马根大桥的德军弗里森哈恩上尉和4名工兵看到了萨宾厄的部队。他们蜷缩身子隐藏在一个炸药包边上，准备用这包炸药在公路上炸一个坑，以阻止美军车辆前进。根据上级通报，一支正在后撤的炮兵随时都可能来到这里，因此，弗里森哈恩在等待他们过去之后再把大桥彻底炸毁。

当萨宾厄的部队接近桥头时，弗里森哈恩还在犹豫不决，但是，当他看到美国士兵闪闪发光的钢盔时，便大声叫了起来："引爆炸药！"

一个工兵迅速按下引爆器，炸药包轰的一声爆炸了。当烟雾消失后，弗里森哈恩看到，在通向大桥的公路上炸开了一个 10 米宽的大坑。但是，当他们返回大桥的时候，一颗美军炮弹在离他几米远的地方爆炸，把他掀翻在地，左腿摔成了骨折。

弗里森哈恩咬紧牙关，继续向桥的那头爬去。只剩下 300 米了，然而，他觉得河那岸仿佛是海角天涯。

霍格准将来到俯瞰莱茵河的拐弯处，当他发现雷马根大桥还完好无损的时候，他简直不相信自己的眼睛了。他甚至怀疑：德国人是不是想等到恩格曼的所有人马都上了大桥以后，再把桥炸掉？

"占领这座桥！"霍格准将向恩格曼命令道。

"是，将军！"

下午 3 时 15 分，霍格接到普林斯那份"德军下午 4 点炸毁桥"的电报，又转向恩格曼："敌人将在 45 分钟以后炸桥，你马上到大桥去。"

"是，将军！"

恩格曼一边应命，一边跳上自己的吉普车。

▼ 1945 年 3 月 7 日，美国军队经过雷马根大桥，抵达后马上建立了第一个桥头堡。

在恩格曼赶到大桥附近，发现德军用炸药炸出的那个大坑时，他明白，几个小时以内，一辆坦克也没法通过。

他问 A 连连长蒂默曼中尉："你认为连队可以通过大桥吗？"

"我们可以试试看。"

德军防空部队从山顶上射击的炮弹不断飞向桥顶。在烟雾里，大桥似乎在来回晃荡，快要倒塌下来了。蒂默曼凝视着大桥，问道："要是大桥在我面前炸毁，那该怎么办呢？"

恩格曼无言以对。

于是，蒂默曼窜到一个弹坑里去，冲着正在等他命令的排长们叫道："有命令，要我们过桥！"

络腮胡子萨宾厄提醒说："这是敌人的一个圈套，一旦我们到了桥当中，他们就会把他炸掉的。"

蒂默曼开始犹豫了。不过还是开了口："命令就是命令，人家要咱们上，咱们就上吧。"

说着，他又爬出了弹坑。

就在这时，在山顶上的霍格准将收到第 3 集团军拍来的一份电报。这份电报取消了前令，也就是说，让他们停止夺取雷马根大桥的任务。因为巴顿的部队几乎已经穿插到了莱茵河了。所以，上级来命令，要霍格现在率部队南下，向科布伦茨挺进，以期同巴顿的部队汇合。

霍格脑袋"轰"的一下，整个人似乎被什么吊在了空中。

假如按照命令行事，他就会丧失这次战争中的天赐良机。他拿起望远镜仔细注视着大桥。这时候，恩格曼的部队还没有发起冲击，要停止整个行动还为时不晚。

霍格犹豫了。

对他来说，这是一次困难的选择。事情很明显：如果成功，他会成为英雄；假如失败，他将很可能失去指挥权，甚至葬送掉他的军事生涯。

他决定尝试一下，不管后果如何，都要夺桥！

在河的那一边，刚刚苏醒过来的弗里森哈恩上尉蹒跚地向悬崖脚下的那条铁路隧道走去。在隧道入口处，他见到了满脸恐慌的布拉特格。

"美国佬快要上大桥了，"布拉特格催促道，"快命令炸掉桥吧！"

弗里森哈恩迟疑不决。一个小时以前，他曾经谦卑的请求上司舍勒少校答应他提前炸桥，却被他顶了回来。舍勒告诉他，希特勒最近下了新的命令，每个过早的炸毁莱茵河上任何一座桥梁的人，都将被送往军事法庭受审。想到这里，弗里森哈恩不知所措地回答道："舍勒少校应当发出炸桥的命令了。"

正说着，一个中士刚刚从桥上爬过来，他告诉弗里森哈恩，美军正在河的另一段集结，看来夺占大桥的行动就要开始。听到此，布拉特格忙接着说："上尉，不能再等了，你要负起这里的责任来。"

弗里森哈恩操起电话，要通隧道另一端的舍勒指挥所，焦急地报告了险情，最后冲着话筒大声喊道："少校，我们应该把桥炸掉！美国人已经接近桥头堡了。"

此刻的舍勒还在念念不忘希特勒的严令。他仍在踌躇。

"假如你现在还不下令的话，"弗里森哈恩激动地说，"那么，我就要下命令了。"

舍勒长叹一口气，说道："好吧，炸桥。"

弗里森哈恩转身叫他周围的人卧倒在地，把嘴张大，以保护他们的耳膜。他自己则跪倒在爆炸装置旁边，这个装置连接着安放在桥下各处的60来个炸药包。他拿出一把钟摆似的钥匙，在引爆装置上旋转了一圈。可是什么事情也没有发生。他又往各个不同的方向疯狂转动着钥匙，仍然没有动静。他突然意识到，引爆装置的中心线路被切断了。而且很有可能是刚才那发令他受伤的美军潘兴式炮弹炸断的。

他赶紧命令一个专门小组出动接通线路，然而，这些人刚刚走出隧道出口，就遭到一辆美军坦克的射击，只好又退了回来。弗里森哈恩问他手下的军官，谁自愿出去，用手引燃备用炸药包。这包重达300公斤的炸药安放在第二个桥头堡的那边。这是一个九死一生的任务，好半天，无人搭腔。终于，一位中士站起身来无奈地说："只好我去试一试了。"

他匍匐着钻出隧道，迎面是一阵可怕的机枪连射，他不顾一切地向前猛冲，转眼到了备用炸药安放处。

弗里森哈恩拖着伤腿焦急地从隧道口向外张望，过了很久，他才听到一声巨响，桥架随之飞起。真是谢天谢地，大桥终于被炸坏了。

在大桥远处，霍格准将听的只是微弱的爆炸声，可是当他看到桥身被炸药抛向空中的时候，便断定桥被炸毁了。

他极为沮丧。

然而，大桥既然已经被炸毁，他也没有必要再给自己找麻烦了。这样一想，他的心头稍稍得到一丝安慰。可是，当烟尘渐渐散去，他惊讶地发现，大桥依旧完好。

于是霍格准将跳进他的吉普车，下了山冈，通知恩格曼，立即命令全队通过大桥。

冲在最前面的还是络腮胡子萨宾厄的那个排。桥中部有一个坚固的堡垒，那个在参谋部干过的里奥冲了进去。他发现5个德国兵正挤在一挺卡了壳的机枪旁边，于是手中的M－1冲锋枪朝墙上打了两枪，用德语高声喊道："举起手来！"

几名德国兵都吓呆了，转过身来，乖乖地举起双手。里奥弯下身子，用一只手把机枪三脚架合拢，把它从窗口扔出去。然后用不太地道的德语问道："上面还有什么人？"

俘虏道："没有了。"里奥用枪一指，道："带我上去看看。"

他用枪头把5名俘虏推到前面，踏上螺旋扶梯，刚到上层，就与两个人不期而遇，他们一个是士兵，一个是中尉军官。酗酒过度的德军中尉一看不好，急忙俯身去抓旁边的引爆器。里奥上前一把将他拖到自己的脚下。然后把7名俘虏一并推下楼梯。

在碉堡外面，德拉比克在寻找他们的班长里奥。有人告诉他，班长已经冲到前面去了。德拉比克听到这句话，不顾一切地向前冲去，他跑得太快，以至于钢盔都跑丢了。这一跑，使他成为了第一个跨过莱茵河的美国人。

不久，恩格曼中校给霍格将军发去电报：

"大桥已经完好地到了我们手中，可以通行坦克。我已经把步兵派向对岸，您的计划如何？谁将保护我们的后方？您的打算怎样？我们希望及早知道。"

霍格准将大喜过望，立即回电：

"干得太出色了，我们将全力支援你们，请在彼岸修筑防御工事。"

当霍布斯将军在黄昏时分回到斯帕的时候，心情异常喜悦，攻占雷马根大桥的消息他已经获知，他不能再举棋不定了。第1集团军无意中得到这个出人头地的机会，他必须认真地加以利用。他迅速接通第12集团军群在那慕尔宫的总部，装作若无其事的样子告诉布莱德雷："我们攻下了一座桥梁。"

"一座桥梁？"布莱德雷猛然一惊，"你是说你们在莱茵河上拥有一座完整无缺的桥梁了？"

霍布斯这才斩钉截铁地回答："是的，在德国人炸毁大桥以前，伦纳德派人一下子把它夺取了。"布莱德雷这才相信了事实，高兴地说："真是好样的。"随后又故意道："不过，考特尼，伦纳德将因违抗艾克不准我们先渡河的命令而受到降级处分。"

霍布斯假装生气道："让那些该死的命令见鬼去吧。"

布莱德雷本来不打算立即将夺取雷马根大桥的事情告诉艾森豪威尔，但是他在同艾森豪威尔的高参少将布尔共进晚餐时，布尔对夺占雷马根大桥不以为然，并断言：要改变这个作战计划，那将是困难的。

布莱德雷听了极为不悦，说："作战计划，天哪！一座桥就是一座桥，不管从什么地方过河，只要渡过莱茵河就好。"

但布莱德雷又心虚起来：难道这是艾克的意思？于是他操起了直通最高统帅的电话。

艾森豪威尔正在法国兰斯的寓所陪客人吃晚饭。

在他们快要吃完第一道菜的时候，艾森豪威尔被叫去接电话。当他在电话里听到布莱德雷向他报告有关雷马根的事情后，他简直不敢相信自己的耳朵，不禁叫了起来："你在这个地区有多少力量可以投入莱茵河对岸的战役呢？"

布莱德雷坚决地回答："我有四个多师，但是我打电话给您是为了这一点，那就是：要是我动用这些部队的话，不至于妨碍您的作战计划。"

艾森豪威尔深感这一时期以来委屈了第12集团军群，突然动了真情："让那些制定作战计划的人见鬼去吧！干吧！布莱德雷，干吧！我将提供给你们我们所拥有的一切，以便你们能够守住你们的滩头阵地。即使地形不是那么理想，但是对我们来说，这也是很好的嘛。"

艾森豪威尔又重新回到餐桌，心情特别高兴，向众人感慨道："这可能是我们的一个转折点。"

自从1944年7月20日险遭谋害以来，没有其他任何事情比美军攻占雷马根大桥更加让希特勒心烦意乱的了。

对他来说，这是部下对他的第二次叛逆。他决定要惩罚那些丢失大桥的人。顺便借此机会将连遭败仗的老元帅伦德施泰特撤换下来。他已经打电话给意大利的德军指挥官凯塞林元帅，让他返回柏林，前来收拾残局。

凯塞林到达柏林暗堡后，希特勒向他交代说："西线的最薄弱点就是雷马根大桥，就是在那儿，需要刻不容缓地改变被动局面，我肯定，这一点你能够做到。"

凯塞林虽然知道败局已定，但是为了让希特勒放心，仍然答应夺回雷马根大桥，将美军赶回莱茵河西岸。

其实，希特勒完全没有理由愤怒，如果不是他那固执己见的命令，伦德施泰特就会及早将部队撤回西岸，早日炸掉桥梁，也不会使舍勒犹豫不决。

但是，大桥的失去意味着德军在西线拥有的最后一道天然防线——莱茵河——的丧失。现在，英美同苏军一起把他们压缩在莱茵河和奥得河之间约600公里宽的地带内，最后一道防线就是死守德国的心脏——柏林。

No.2 美苏会师易北河

1945年3月，刚刚渡过莱茵河，美军就已经看到了胜利，他们开始思考在哪里和苏军会合。

　　推进至德国腹地的是 3 个集团军群：蒙哥马利元帅的第 21 集团军群，包括英国第 2 集团军、加军第 1 集团军和美军第 9 集团军；布莱德雷的第 12 集团军群，包括美军第 1、第 3 和第 15 集团军；雅各布·德弗斯中将率领的第 6 集团军群，包括美军第 7 集团军和法国第 1 集团军。总共有 73 个师的兵力。

　　战争到了这个阶段，盟军部队在一些重要方面存在着很大的优势：部队数量、空中支援、补给和部队士气方面等等。盟军对未来的前景是很有信心的，尤其是把德军的劣势考虑在内，他们更有理由这样了。

　　到 1945 年 3 月下旬，德国武装部队已经处于一片慌乱之中，艾森豪威尔在他的回忆录当中写道："从军事上讲，那时希特勒要做的事情就是投降。"然而，德军仍然继续作战。因为他们不知道如果不战斗，等待他们和他们家庭的不知道是什么样的命运。

　　希特勒当然不会放下武器，让盟军不费一枪一弹进入德国。再者，当希特勒命令后撤部队摧毁一切对前进的敌人有价值的东西的时候，他根本不关心战后一无所有的德国人民的命运。结果，德国基础设施中至关重要的铁路、通讯、公路、车辆、桥梁和工厂都被摧毁了。

希特勒告诉阿尔波特·施佩尔："如果战争失败，这个国家也得灭亡。这种命运在所难免。无须再考虑甚至最原始的物质基础了。相反，最好连那也毁掉，我们自己将它毁掉。这个国家证明了自己的虚弱，未来只属于更为强大的东方国家。另外，那些战后留存下来的人也毫无意义，因为优秀的已经衰落了。"

希特勒没有从这个观点当中摆脱出来，也没有从他的战地指挥官带给他的失望当中摆脱出来。希特勒认为，一些军官所犯的错误对部队士气造成了不利影响。德国统帅部被迫设立新的奖章，希望这会帮助士兵找到自己身上未被挖掘的战斗精神。有突围和重返前线的勋章，更有为表彰英勇行为而发的一张冯·伦德施泰特的签名照片。并不奇怪，很少有人会获得这种奖励。在这种情况下，统帅部为了恢复纪律被迫动用了刑警队。在众多的过错中，不能炸毁桥梁和未经命令私自撤退只是其中的两条，对他们的处罚就是死刑。

这样，一支原本非常忠诚而且成功的军队到了1945年春已经岌岌可危，只能通过恐怖铁腕无情地挤压出他们的最后一滴血，进行最后地反扑。

德军已经是疲惫之师，无法提供更多的补给。弯曲的通讯线，资源匮乏，很少的空中支援和大范围的士气消沉对作战能力造成了破坏性的影响。当直接和对手相比的时候，无论是地面还是空中德军都已经不是对手。

德军近四年来的消耗战，使他们在西线作战的最后日子里遭受如此沉重的打击。德军西线的总司令、陆军元帅凯塞林深知他的三个集团军面临的重重困难。所有的部队都有同样的弱点，都在等待即将到来的更大规模的进攻。凯塞林当然没有他所需要的足够数量和质量的部队。实际上，部队减员十分严重，连德国地方志愿军——人民冲锋队都被征召到了前线，以增强兵力，阻止盟军洪水般的进攻。即使这样，德军在西线也只能建立起26个整师。希特勒的军队几近溃败。

从莱茵河到易北河标志着西欧战争已经达到高潮，因为凯塞林的防线即将在致命的一击中被撕开，德军将无法恢复元气。很明显，盟军希望在战争的最后阶段造成德军的完全失败。

在这种情况下，盟军最高统帅部的战略目标也有了修订。在3月的最后几天，蒙哥马利的第21集团军收到一封概括战略变化的电报，盟军最高统帅部声明，将主攻方向从21集团军群转向第12集团军群，进攻易北河和穆耳德河。盟军现在的目标是把德军一分为二，并最终与苏军在易北河上胜利会师。

尽管英国反对，最后盟军的战略还是被调整了。第12集团军群作为先头部队向易北河和穆耳德河前进，并与从东面挺进的苏军会合。谨慎最终被大胆所替代。

3月28日，迈尔斯·登普西中将率领的美国第2集团军以3个军的兵力突破了位于韦瑟尔处的莱茵河上的桥头堡。到4月5日，其左翼达到威瑟河，右翼在尤尔岑，英军正在迅速逼近威瑟河。三天后，两个军已经渡过了威瑟河，其中的第8军已经占领了位于汉诺威以北的莱纳河上的桥头堡。但是就在此地，第8军遭到了德军"大德意志师"的阻击。尽管德军在西线整体实力很弱，但是他们充分利用防御阵地英勇战斗，减缓了盟军进攻的势头。

蒙哥马利以英军在莱纳河延迟为借口，提出需要更多的部队帮助英军前进。第21集团军群的指挥官们认为，如果第2集团军有希望阻止苏军挺进北海，那么增援兵力就至关重要。最后援助有两种形式：艾森豪威尔认为布莱德雷可以保护自己的左翼，从而腾出更多的英国部队集中于第2集团军的前进；登普西命令美国第18空降军帮助占领易北河到波罗的海一线。

到了4月中旬，英国第2集团军的3个军发展顺利：左翼，第30军位于不来梅郊区；中部，第12军正在向汉堡挺进；右翼，第8军已经逼近易北河。英军在短短3周内大约前进了320公里。

3月28日，分别由威廉·辛普森中将和科特尼·霍奇斯将军率领的美国第9和第1集团军开始包围鲁尔。瓦尔特·莫德尔陆军元帅在北面哈姆附近和南面锡根附近发动反攻，试图突破重围，然而所有企图都失败了。莫德尔把自己的命运与希特勒的政权联系在一起。作为回报，他在54岁时被提升到陆军元帅一职，但是他无法阻止德军的溃败，谁都不能。

由于地形和高楼林立的工业环境，为狙击手提供了大量隐蔽处，因而鲁尔"口袋"的收尾工作相当缓慢。美军前进时，他们发现"口袋"地区的军队和居民都是衣衫褴褛。连续不断的战略轰炸摧毁了该地区3/4的房屋，通讯也已经瘫痪。被围困的德军粮食和弹药已经所剩无几，无法运送到最需要的地方。4月12日，美军达到埃森时，根本无法将物品运到任何地方。鲁尔的危急形势让希特勒十分沮丧，对在那里的作战部队来说，更是沉重的打击。德军81军的指挥官科赫林将军后来说及军队所处的局面时："继续在鲁尔'口袋'抵抗就是犯罪。莫德尔的责任就是投降……只是想到我的家庭可能面临被报复的危险时，我才没有走出这一步。"

随着美军的挺进，德军部队中仅存的士气迅速消失得无影无踪；实际上德国国防军士兵在听说又一座城市陷落时互相庆祝，这已经并不稀奇。

到了4月14日，德军以相当快的速度投降，以至于看管他们成了美军的一大难题。这一天，当第9集团军和第1集团军在鲁尔河上靠近哈根的地方会师时，口袋被撕开了。4

月16日，大约8万名德军在24小时内投降。两天后，325000德军士兵包括30名将军被俘，一切有组织的抵抗结束了。曾经批评1943年2月保卢斯元帅在斯大林格勒投降行为的莫德尔陆军元帅走进杜塞尔多夫附近的一个森林，开枪自杀了。

此时，在西线已经没有有组织的抵抗了。希特勒失去了对事态发展的控制。实际上他发现很难了解各处的情况，元首的军事会议已经连续几个月在漫无目的地讨论问题。到了4月，他们更为慌乱，总的来说就是在浪费时间。在会议上转而讨论以往战事就表明希特勒对当前战事的无能为力。由于被现实隔绝，希特勒对许多问题通常回答"不许撤退"，当得知一些军官渎职的消息时，希特勒没有对此事进行调查，相反他立即下令对其解职、降级或处死。当党卫军第6装甲集团军的指挥官和曾担任元首私人保镖的赛普·迪特里希被强大的美盟军赶往维也纳时，希特勒通过无线电命令："元首认为，部队没有按照形势的要求去战斗，我命令党卫军'阿道夫·希特勒师'、'帝国师'、'骷髅师'、'霍亨施陶芬师'除去他们的臂章。"

迪特里希回答说，与其执行命令不如自杀。

4月初，第9集团军继续向西进逼易北河。4月4日，第9集团军的部队还在威瑟河上，4月8日就已经通过莱纳河，4月10日占领汉诺威，到4月11日就已经达到马格德堡南边的易北河。

一个多星期以后，苏军先头部队终于进抵易北河，美苏两军指挥官们相互进行了拜访。

"一位将军带着约莫9名部属来到我的司令部，"辛普森后来回忆说，"我们共进午餐，互相用伏特加祝酒。最后，我们全都醉醺醺的了，那位红军司令对他的随员说了些什么，他们抱住我，让我四脚朝天，把我向天花板上抛，大约抛了10次，都快把我吓死了。"

当终于抛完，让他站好后，他们对他解释说，这是哥萨克表示尊敬的风俗习惯，也是他们感谢他的方法。

25日14时，苏军最高统帅部大本营收到了科涅夫元帅的简短报告：

"今天13时30分，在第5近卫集团军辖区的斯特列拉地区，第58近卫师的部队在易北河上与盟军第1集团军第5军团第69步兵师的侦察小组会合。在易北河旁的托儿高地区，第58近卫师第173近卫突击团先头营与美国第1集团军第5军团第69步兵师的侦察小组会师。"

值班参谋急忙向斯大林汇报。斯大林说道：

"两军已经会师了，胜利还会很久吗？今天是个值得庆贺的日子，通知炮兵部队，用324门火炮，鸣炮24响，以向乌克兰第1方面军表示祝贺。"

收到最高统帅部大本营发来的鸣炮祝贺的电报后，科涅夫元帅急忙刮胡子、打皮鞋、整理军容，准备迎接美国集团军司令官布莱德雷将军。

刚刚收拾停当，布莱德雷就在副官的陪同下走进科涅夫的指挥部。

"见到您非常高兴，我代表乌克兰第1方面军的全体官兵欢迎您，并对将军的到来表示衷心的感谢。"科涅夫元帅激动地说。

"感谢元帅的一片盛情，我是来向元帅请教的。"布莱德雷将军诚恳地说。

双方就解放捷克斯洛伐克问题以及与此相关的问题，与新提升为元帅的舒纳尔军团作战的问题，进行了坦率的谈判。

尔后，布莱德雷将军宣布代表美国政府授予科涅夫元帅最高美国勋章，随后两位指挥官互赠了礼品。科涅夫送给布莱德雷一匹上乘的顿河马，马鞍上镶着星斗和手枪。布莱德雷则送给科涅夫一辆从安特卫普运来的吉普车。

不久，科涅夫元帅又受苏联政府委托，回访了布莱德雷，并向布莱德雷将军授予了"苏沃洛夫"勋章。

▼ 美苏两军将士在德国境内会师。

第五章

孤注一掷 妄图反攻

　　强渡泰尔托运河是实现进攻柏林的关键。斯大林根据新的战场形势，决定先向德军"法兰克福—古本"集团开刀。波茨坦，位于柏林市区西南部，那里，盘踞着守备柏林的一支重要集团军。十几分钟后，希特勒从地图上收起了目光，恶狠狠地从嘴里吐出两个字："反攻！"希特勒亲自担任柏林防御的总指挥，不仅人防工程加强了，兵力及火力也做了重大调整。

No.1 扫除包围圈

不管人类在怎样书写自己的历史，不管血雨腥风中谁是谁非，太阳还是一如既往，无忧无虑不偏不倚地以它那灿烂的光芒宣告一天的开始。尽管鸟语花香的景色被累累弹痕、处处废墟和遍地残尸所代替，历史还是走进了新的一页。

这天是 1945 年 4 月 20 日，它既是德国元首、帝国大元帅阿道夫·希特勒的 56 岁寿辰，也是苏联红军首次炮击柏林的日子。由于它具有历史性的意义，所以它不仅在当时引起了人们的重视，即使历史不断演进，人类也不会忘记这一天。因为没有这一天的存在就不会有希特勒的灭亡，也就不会有德国法西斯分子的彻底失败。

朱可夫的远程炮兵对柏林市区的炮击，拉开了强攻柏林的序幕。

战争是残酷的、激烈的，瞬息万变的情况使得官兵们的神经始终处于紧张当中，但是由于受到战场环境的限制，受观测能力的限制，紧张激烈的战争也有相对的安静时刻，不管它在枪炮嘶鸣、弹雨倾泻的空间如何波澜壮阔、愈演愈烈，但是只要夜幕一降临，紧张激烈的枪炮声就会渐渐稀疏、平淡，继而停止。从某种意义上说，在夜视能力还不发达的情况下，夜幕成了人们停息战斗的屏障，成了人们可以在血火交织的战场上自由呼吸的保护伞。"日落而息"似乎成了交战双方共同遵守的规则。

然而，当新的黎明刚刚取代黑夜，那不解人意的太阳骨碌骨碌从东方爬上天际，露出地平线时，战火也就按照不成文的战斗法则随之苏醒，刚刚熄灭的灰烬也随之复燃。不管情愿与否，你都必须走出静谧的梦乡，或投身于挥枪舞炮的英勇冲击，或融入横刀立马的抗击之列。在"日落而息"之后，随即"日出而起"。

天刚刚蒙蒙亮，第 28 集团军司令员鲁钦斯基将军就急忙从桌子旁站起来活动活动腰肢，准备迎接新的战斗。他刚刚打了个盹，尽管连日征战相当疲劳，但他丝毫不敢懈怠。自 20 日投入战斗以后，他的部队以 11 个小时实施了 110~180 公里的强行机动，完成了从西面包围德军第 9 集团军的任务，保障了主力部队进入交战，弥补了近卫坦克第 3 集团军与近卫第 3 集团军的左翼之间约 60 公里的间隙，又将投入围歼柏林之敌的战斗。

将军刚刚做了几个伸展动作，就接到了方面军的电报，科涅夫元帅命令：

"为了制止德军第 9 集团军和坦克第 4 集团军的部队从巴特—扎罗、古本、文迪施—布赫戈尔茨地域向柏林突围或者与第 12 集团军会师，第 28 集团军迅速以两个师的兵力占领伊皮茨、邦斯多夫地区，截断湖间所有道路，组织对步兵坦克的防御，主力协同近卫坦克第 3 集团军从南面进攻柏林。"

鲁钦斯基急忙俯向地图，把目光集中在即将执行任务的区域中，并沿着方面军明确的

▲ 苏联步兵在柏林外围攻打德军

攻击轴线逐次向前延伸，当泰尔托运河出现在他的面前时，将军不觉微微皱皱眉头。

他太了解这条河了：它的宽度约 40~50 米，深度达 23 米，多处河岸由混凝土构成，且高度达 23 米。虽然没有到河水泛滥之际，但是那陡急的河流也足以让人望而生畏，更何况隔岸还有重兵把守——在长 12 公里的河段上，有德军要塞第 60 团，强击炮兵第 218 旅残部、国民突击队第 277 营、305 营、309 营、311 营、312 营、314 营、208 营、301 营和第 427 营，警卫第 344 营和第 345 营，建筑第 4 营，后备第 67 营和第 203 营，通信第 3 营，第 3 士官学校，高射炮兵第 1 和第 3 师的部分兵力，以及一些独立战斗群，战斗支队等单位，并且各个单位都配有大量的长柄反坦克火箭筒等兵器以及坚固的防御工事。运河边是一堵几乎连续不断的房屋墙壁——墙厚 1 米和 1 米高的建筑物。工厂巨大的钢筋混凝土厂房沿运河一线展开，以无门窗的背面朝向运河，形成了中世纪好像深入水底的要塞城墙。

不需说，这一切都非常适合坚守防御，可是对于进攻者来说极为不利。也就是说，协同近卫坦克第 3 集团军进攻的部队，必须是能打善冲的骁勇之旅。

经过反复思考，鲁钦斯基将军决定：命令步兵第 61 师协同近卫坦克第 3 集团军强渡泰尔托运河，抢占波茨坦火车站和柏林城中的安特加尔火车站；命令步兵第 128 军以两个师正面向东展开，占领托伊皮茨、邦斯多尔地区，制止德军向柏林突围。

决心定下后，鲁钦斯基将军直接插到第 61 师，听取了师首长的决心汇报，又对具体的渡河准备、渡河战斗保障、登岸措施等问题做了研究。而后又分赴步兵第 128 军和步兵第 20 军听取战斗决心。

在步兵第 128 军，军长决定步兵第 152 师在米滕瓦尔德一线展开，以顽强的反击制止德军向柏林方向突围。

在步兵第 20 军，军长决心将近卫步兵第 48 师和步兵第 20 师集中于甘斯哈根地域，占领舍内贝格、维尔默斯多夫地域。

两个军的决心基本符合集团军的意图，当即得到鲁钦斯基将军的批准。由于近卫步兵第 3 军继续执行向巴鲁特进攻的任务，无需调整部署，鲁钦斯基将军决心将主要精力放在向柏林进军的方向上。

强渡泰尔托运河是实现进攻柏林的关键。为了实现这个目标，乌克兰第 1 方面军组织了强大的炮火保障——在 4 到 5 公里的突破正面上集中了 1420 门火炮和迫击炮，每公里正面上的突破火炮密度为 315 门，如果把自行火炮也计算在内，每公里正面则达 348 门。用于直接瞄准射击的 45、57、76 和 122 毫米口径的火炮 400 余门，平均每公里正面为 90 门。

经方面军批准，近卫坦克第 3 集团军和步兵第 28 集团军决定以一天的时间进行强渡运河的准备工作。首先是组织了有各坦克军、机械化军长和各炮兵师长参加的实地侦察，主要任务是明确各自的渡河位置，查明德军的火力配置，研究渡河保障方法和登岸后的行动。而后有针对性地组织步兵、坦克兵、航空兵进行强渡运河训练，并检查渡河器材以及战斗物资……

24 日 6 时 20 分，当东方红霞尽染，太阳还在琢磨着该不该照亮这批烧焦的土地时，千余门大炮喷着强烈的火焰发出了撼天动地的吼叫，万余发炮弹在几分钟内拖雷携电般飞向了运河北岸。这浩瀚的炮火既宣布新的一天开始，又宣布着苏军已经开始强渡泰尔托运河。

55 分钟后，运河北岸已经是一片焦土，地表的生灵已经所剩无几。近卫坦克第 3 集团军正在雷巴尔科的指挥下强渡运河。40 多米宽的河面上，小木船几乎首尾相接地冲向对岸。当第一只小船刚要靠岸，战士们正准备登岸冲锋时，德军却仿佛一下子从地底下钻出来似的，枪炮齐鸣，一时间弹雨飞泄，无遮挡的苏军官兵纷纷落入水中，河面上顿时漂浮着一片血色。

　　首次突击失败了，雷巴尔科立即指挥所有炮火再次对对岸德军进行压制射击，同时命令近卫坦克第6军、机械化第9军等再次发起冲击，命令岸边的所有火器向对岸德军射击，掩护渡河。

　　机械化第9军和第28集团军的步兵第61师先头部队抢先登上了对岸，他们的任务是抢占登陆场，掩护主力渡河，但是遇到了德军的顽强抵抗。就像不怕死的赌徒一样，德军猛烈的火力使不少苏联士兵倒在血泊中，余下的被迫撤退到南岸。

　　此时，科涅夫元帅正在雷巴尔科指挥所，他亲眼目睹了炮兵、航空兵的突击效果，也看到了官兵被阻的情况。科涅夫嫌雷巴尔科的观察所观察不力，就带着雷巴尔科，方面军炮兵司令员瓦连佐夫，两个航空兵军的军长，炮兵军长等转移到一幢8层楼房的房顶上，当看到机械化第9军被迫后退后，雷巴尔科决定改由进展顺利的近卫坦克第6军抢占登陆场，为大部队渡河开辟道路。

　　近卫坦克第6军的先遣部队是近卫摩托化步兵第22旅，在旅长沙波瓦洛夫中校的指挥下，该旅先遣支队乘木船渡到运河对岸，部分人沿着被毁桥梁的骨架渡到对岸，大部兵力靠工兵漕渡，在炮火和坦克的弹幕射击掩护下，以较小的代价渡过了运河，并以顽强的拼搏，在北岸开辟了几个登陆场，掩护后续部队强渡和工兵架设舟桥。

　　10时30分，当第一批桥梁架设完毕，大部队开始强行突入时，雷巴尔科的集团军机械化第71旅已经结束了争夺柏林郊区舍纳菲尔德的战斗，从西面向巴斯多尔夫地区前进，从而与白俄罗斯第1方面军部队在德军第9集团军的后方会师。

　　近卫坦克第6军渡河成功后，经过一天激战，向北推进了22.5公里，于日终前抵达查希特菲尔德、策伦多夫地区。雷巴尔科决定机械化第9军和近卫坦克第7军在近卫坦克第6军之后渡河，向德军纵深发展进攻。至傍晚，鲁钦斯基的集团军近卫第61师同苏霍夫的机械化第9军一起，在马林多夫地区激战一天之后，在布科、布里茨地域与崔可夫的近卫第6集团军取得了联系。

　　至此，德军第9集团军固守的法兰克福—古本集团与柏林集团间的联系就被完全隔断了，余下的，只是分而歼之。至此，苏联红军进攻柏林中与柏林交战的第一阶段——突破柏林的防御和实现对柏林集团的双层合围即宣告结束。余下的，将是激烈紧张的柏林巷战，直到彻底消灭法西斯集团，将苏军的红旗升到柏林的上空。无情的事实已经宣布，第三帝国的日子已经屈指可数。

　　4月22日，对于苏军来说，这天是柏林战役最关键的一天——战斗的进程将制约和影响着柏林战役尔后的进程和结局。

为此，最高统帅部发布训令，指示务必于 4 月 24 日以前完成对法兰克福—古本集团的合围，并无论如何必须制止该集团向柏林或者向西和西南突围。

为了实现最高统帅部的决心，各个方面军都对自己的行动做了调整。根据方面军的命令，雷巴尔科将军指挥近卫坦克第 3 集团军在激战中于 4 月 21 日夜以机械化第 9 军和近卫坦克第 6 军强渡诺特运河，在米滕瓦尔德·措森地段突破了外层环形防线。

11 时，苏霍夫的机械化第 9 军先遣部队在云斯多夫地域切断了柏林环城的公路干线，继续向柏林市区展开进攻，并在行进间于日终前协同第 28 集团军的步兵第 61 师在马林菲尔德、兰克维茨地域突入柏林南部，占领了马洛夫、布兰科菲尔德和利希滕拉德等柏林城郊，前进了 25 公里。在肃清占领地域残敌后，该部队部分兵力前出到特尔扎运河一线，但遭到运河北岸守敌的猛烈抗击，前进受阻。

米特罗法诺夫的近卫坦克第 6 军在措森地域强渡诺特运河后，直指柏林西北方向，到日终时前进了 25 公里，攻占了泰尔托城，并进至泰尔托运河南岸，但也同样遭到运河北岸守敌的强烈抗击，被迫停止前进。

诺维可夫将军的近卫坦克第 7 军于日终前前进了 35 公里，进至施塔德斯多夫一线，也被运河北岸守敌阻于运河南岸。

至此，近卫坦克第 3 集团军已经完成了突破柏林外层环行防线，突入柏林南部的任务，并在马林菲尔德地域楔入了柏林的内层环形防线。

列柳申科的近卫坦克第 4 集团军沿着指定的轴线向柏林西北的波茨坦方向发动进攻，于日终前前进了 20 公里，抢占了扎尔蒙德、多布里科地域。至此，该集团军既占领了向柏林围攻的波茨坦和勃兰登堡突击的良好出发地位，又截断了德军企图从西面实施突击以解救柏林东南被围集团可能利用的路线。

戈尔多夫的近卫第 3 集团军于日终前强行占领了德军抵抗的枢纽部——科特布斯，全歼了科特布斯集团守敌，从而从南面和西南面完成了对德军法兰克福—古本集团的包围，实现了合围柏林集团的关键一步。

普霍夫的第 13 集团军 1 面向西挺进，一面从南面可靠的保障了方面军坦克集群的进攻，并肃清了残留在坦克集群后方的敌军部队，于日终前前进了 45 公里，占领了特博克、克罗普施太特、贝尔齐希、埃森、施韦尼茨地区。

由于进攻路线众多，村寨纵横，朱可夫的白俄罗斯第 1 方面军的进攻速度比在地势开阔、天然屏障较少的乌克兰第 1 方面军的进攻速度稍为缓慢，但是都如期完成了最高统帅部赋予的任务。

近卫第 3 集团军、近卫坦克第 3 集团军和第 28 集团军部分兵力的共同进攻，到 22 日傍晚，一个马上就要包围德军法兰克福—古本集团的圆环十分清晰地显示了出来。苏联红军为将德军柏林集团分割成两部分，拦截其第 9 集团军主要兵力并将其合围聚歼于柏林东南的森林创造了条件。从目前的态势看，德军第 9 集团军已经处于白俄罗斯第 1 方面军 3 个诸兵种合成集团和乌克兰第 1 方面军 3 个集团从北、东、南、西南几面的严密包围中。

苏军最高统帅部大本营。

随着作战参谋的标绘，斯大林面前的地图清晰地呈现出两个大小不一但是都已几乎闭合的包围圈：一个是在柏林以东和东南的法兰克福—古本集团合围圈，它稍小一些，却把德军第 9 集团军紧紧地箍在其中；另一个稍大一些的是在柏林以西，它几乎将防守柏林的德军全部围了起来。这两个合围圈之间的距离在西部方向上达 80 公里，而在南部方向上仅为 50 公里，夹在两个合围圈之间的是柏林及其所有郊区。

至此，希特勒防守柏林的完整构图，被彻底撕裂了。斯大林根据新的战场形势，决定先向德军"法兰克福—古本"集团开刀。

从 4 月 26 日，科涅夫的乌克兰第 1 方面军开始了对柏林东南森林沼泽地的法兰克福—古本集团的进攻。

法兰克福—古本集团是德军第 9 集团军各部队和坦克第 4 集团军的部分兵力。该集团有 11 个步兵师，2 个摩托化师，15 个各种独立团，4 个旅，71 个独立营，1 个炮兵团，5 个独立炮兵营，一个坦克团，一个坦克营，共约有 20 万人，2000 余门火炮和迫击炮，300 辆坦克和强击炮。苏军则有 277000 人，7400 门野炮和迫击炮，280 辆坦克和自行火炮。

乌克兰第 1 方面军指挥部，设在柏林东北的一个小镇上。柏林战役打响后，这个小镇连同它通往柏林方向的每一条道路、农田，几乎无处不有战争的痕迹——弹坑、堑壕、警戒哨和遍地的军队及其作战物资。

司令员科涅夫正对着挂图，谋划着尽快歼灭德军被围集团，尽快实施与白俄罗斯第 1 方面军攻占柏林的具体计划。

"接 28 集团军亚历山德罗夫将军。"科涅夫司令员指示参谋人员。

电话接通后，科涅夫指示道："告诉亚历山德罗夫将军，统帅部通报，被围德军可能向西或西北突围，为此，令该集团军的近卫步兵第 3 军尽快赶到巴鲁特地域，在柏林南部的第 13 集团军后方建立第 2 道防线，与近卫坦克第 3 集团军协同作战，坚决阻止敌人的突围，并聚歼敌军于柏林东南部。"

几个小时以后，司令部又向科涅夫司令员报告了新的情况："司令员同志，根据前线各集团军报告和我侦察系统获悉，我方面军集团军与朱可夫部队的各部队密切协同，已经把法兰克福—古本集团又分成了几个独立的部分，"参谋一面报告，一面在图上轻轻标绘出战区态势，而后继续说：

"现各集团军正围歼敌人。"

"敌人动向怎么样？"科涅夫问。

作战部长接过来回答："截至 4 月 26 日，敌人被围集团情况很困难，已经处在我的两个方面军的打击之下，但敌人为了突围，疯狂地与我军对抗。目前其兵力还有较强的战斗力。敌军在这几个地方，"作战部长在图上指着被围集团通向其西南的几条道路继续说，"已经多次突围，现在敌军已经收缩了战线，我攻击部队每从东南或东侧向敌人打击一次，敌人就从西北突围攻击一次，敌人企图通过收缩战线突围出去，现在战斗很惨烈。"

科涅夫侧对着挂图，左手指着态势图，抬头跟对面的作战部长，也像是对指挥室所有人员在讲："这股敌人，要么投降，要么试图穿过我军战斗队形与文克的第 12 集团军会合，别无任何出路。形势的发展已经清楚地说明，即使敌人会合，也最终逃脱不了失败的命运。但是鉴于当前的作战形势，我们还是应该歼敌于孤立之中。为此，要命令与敌人直接接触的近卫坦克第 3 集团军、第 28 集团军和其他部队加快歼敌速度，不给敌人调整之机。"

司令部按照科涅夫的指示通知了各集团军。

苏德围歼与突围的交战地区，遍布森林、湖泊、沼泽，还有许多隘路。就在这样的地形上，双方展开了攸关柏林命运和整个二战命运的殊死交战。中国古代兵法曾经说"置之于死地而后生"，德军确有一种背水而战的味道。可是苏军各个大部队，处于一种进攻的巨大惯性当中，德军拼与守都无所谓，重要的是把它打垮。

德军固守着隘路口，在苏军进攻方向上布满了鹿砦、街垒和各种地雷。

德军在白俄罗斯第 1 方面军上进行拼命抵抗，想在乌克兰第 1 方面军方向上挤出一个缺口，保证其主力与文克的第 12 集团军会合。

在乌克兰近卫第 3 集团军和第 28 集团军接合部方向上集中了 4 个师的残部组成了占有优势的强大突击集团，准备突破苏军队形的包围。

苏军组织了 70 架飞机对敌集结集团实施了集中突击，极大地削弱了敌军力量。

德军突击集团的集结地，一排排航炮，一群群航弹四处炸开，遭袭之处，弹片飞溅，尸体遍地，一些重装备随处翻仰。尽管苏军突袭凌厉，德军还是于 4 月 26 日 8 时聚集了

50 多辆坦克，在强击炮的支援下像钉子一样楔入了苏军战斗队形，在第 28 集团军和近卫第 3 集团军的接合部中突了进来，两军犬牙交错，近战厮杀，双方刺刀都派上了用场。交战又一次进入了白热化。

德军在苏军两个师的接合部突了出来。

德军切断了接连苏近卫坦克第 3 集团军和第 28 集团军的主要交通线。

苏军轰炸航空兵第 4 军以 55 架飞机对突击的德军实施了集中突击。步兵第 39 师顽强地阻击了德军。

乌克兰第 1 方面军指挥部密切关注着战局的每一步变化。按照方面军司令员的指示，近卫步兵第 50 师、第 96 师被调来突击德军的突围集团。两个师很快进入了战斗。

在反突围的战场上，苏军航空兵全天不断穿梭，起飞近 500 架次，各集团军在不同方向上纷纷出击，挤压敌人。战至 27 日，向东南，近卫步兵第 121 师已经前出到易北河，与美军第 1 集团军第 5 师先遣队会合。乌克兰第 1 方面军所占地区纵深达到 1520 公里，给法兰克福一古本集团以重创，还解放了 3000 余名战俘。

波茨坦，位于柏林市区西南部，那里，盘踞着守备柏林的一支重要集团。波茨坦的地理位置十分重要，哈韦尔河从柏林南部绕过波茨坦，连接易北河。这个镇子不仅是柏林守军向西突围的咽喉，也是锁住哈韦尔河，从而固守柏林的重要枢纽。在最后几天里，波茨坦集团已经成为支撑柏林稳定的主要集团。

4 月 27 日，白俄罗斯第 1 方面军第 47 集团军司令佩尔霍罗维奇中将已经正式指挥波兰第 1 集团军独立迫击炮第 1 旅，该旅是奉命配属第 47 集团军作战的。在白俄罗斯第 1 方面军部队中，第 47 集团军是这次战役中机动迂回最远的一个集团军。他们从奥得河东岸出发，一直迂回到了柏林南部，不计沿途交战，仅就高速迂回这一点，他们也堪称一支劲旅。

进攻波茨坦之前，佩尔霍罗维奇将军向朱可夫报告了进展：

"朱可夫司令员，47 集团军与波兰迫击炮旅进至波茨坦北部哈韦尔河两岸，现在正在准备渡河攻击。"

朱可夫司令部迅速回电："速歼波茨坦集团，阻止敌人向东北增援和向西南突围逃跑。"

第 47 集团军指挥部和乌克兰第 1 方面军攻打波茨坦的近卫坦克第 4 军取得了联系，最后商定第 47 集团军由北向南，近卫坦克第 4 集团军和 13 集团军部分部队由南向北，夹攻波茨坦集团。

夹攻，在将军使用的作战地图上，只是需要用红笔画出两个对进的箭头，而这两个箭头要用数万人的战斗才能使他变成真正的红色。两只部队同时下达攻打波茨坦集团的命令。

第 47 集团军步兵第 77 军把任务争了过来，他们以战斗力较强的两个师作为主要突击集团由北向南攻击。

强击炮阵地近百门大炮已经做好了一切准备。

各攻击集团已经占领了各自进攻的出发阵位，有的是陆路攻击，有的是越河攻击，这是这些攻城部队与柏林市区守敌的第一仗。

一群红色信号弹升了起来。大炮、迫击炮向着不同的目标呼啸、怒吼起来，波茨坦顿时出现了片片黄色烟区，从隐蔽的建筑物中，不时打出敌军的炮弹，这是被隐蔽起来的炮位，苏军的直瞄炮兵就是对准这样的目标的，一场实力悬殊的火力对抗就这样拉开了围歼波茨坦集团的战幕。几百门各种口径的火炮很快就使这个不大的镇子大片大片地成为瓦砾。

按照指挥部的协调计划，几个突击集团向波茨坦发起了多路进攻。

德军为了守住波茨坦，用了很多时间来构筑地下通道和掩蔽部。强大的炮火准备时，他们都猫在了地下掩蔽部和坚固建筑物里，地面部队总攻发起后，德军纷纷占领被破坏的建筑物的有利位置，拼死顽抗，可是占据绝对优势的突击集团已经分别把各主要建筑物紧密包围起来，以强击手段一个个地拔钉子。几个小时的工夫，一批德军就举旗投降了。

一批残存的顽抗分子通过苏军突击部队的夹缝或者地下通道聚集到了万恩泽岛上。

万恩泽岛是波茨坦地区的一个较大的岛屿，周围湖河环绕，不易攻打，这股残敌纠集在一起，做了重新编组，试图依靠周围的水障，拼死抵抗。

乌克兰第 1 方面军第 13 集团军马上向科涅夫报告了自己的位置，并较具体地介绍了德军被歼以及龟缩的情况。

科涅夫的指挥部。科涅夫的两手在地图上的万恩泽岛南侧、东南侧，由后向前做了一个钳形突击样的滑动，然后用中指在第 13 集团军和近卫坦克第 4 军的队标上重重地敲击了一下，转头对一名上校作战参谋指示道：

"要第 13 集团军！"

"普霍夫将军在里面。"上校把电话交给了科涅夫。

"我是科涅夫，你们对波茨坦的第一次突击很成功，现在必须以一个师以上的兵力继续战斗，乘敌人混乱之际将万恩泽岛的守敌歼灭。近卫坦克第 4 集团军列柳申科的一个坦克军将与你们并肩作战。执行吧！"

近卫坦克第 10 军与第 13 集团军第 350 师采取各种方法渡河前出到了万恩泽岛，他们迅速穿插、迂回，马上控制了大部分桥梁和渡口，后继部队源源进岛，果然应验了科涅夫的判断，残敌十分零乱，一小股一小股进行着没有组织的抵抗，第 350 师以小兵群战术灵活穿梭于树林、建筑物之间，一队队坦克全速向敌人守备地区开进，这两支队伍很快站稳了脚跟，牢牢地扭住了柏林集团波茨坦方向的这支臂膀。

No.2 以卵击石的挣扎

"弗莱克斯·斯坦纳？"听到这个名字，希特勒的精神为之一振，仿佛抓到了一根救命稻草，灰心丧气的情绪一扫而光，他急忙让克莱勃斯把地图拉到他的面前，仔细地审视着弗莱克斯·斯坦纳将要投入战斗的地域。

对于弗莱克斯·斯坦纳将军，希特勒是很赏识的，他认为斯坦纳聪明机智、果断灵活、指挥有术、破敌有方，尤其是今年 1 月斯坦纳从波美拉尼亚湾发起拼死的进攻减慢了朱可夫的进攻速度以后，希特勒更认为他是一个可以重用的人物。

十几分钟后，希特勒从地图上收起了目光，恶狠狠地从嘴里吐出两个字："反攻！"

他以近几天少有的兴奋扫视了一下在场的几位将军，继续说："让斯坦纳向东南方向进攻，以勇猛的攻势吃掉朱可夫的先头部队。只要他能够打一个漂亮仗，就可以解救柏林，保护曼特菲尔免遭包围。"

不等别人发表意见，希特勒又近乎一字一顿地说："所有的部队都要全力迎战，让手下士兵后退的任何军官必须在 5 小时内枪决！"

他让克莱勃斯立即将这个命令传达给海因里希，并将后一条通知所有的部队。

弗莱克斯·斯坦纳将军愕然不知所措，他在近几个月接受了许多无法执行的命令，而这个命令又是其中最荒唐的。不管希特勒怎么说，他清楚自己的实力，了解他的部署情况，他知道时间虽然向后拖延了几个月，但是他的部队已经远远没有今年 1 月的实力，尤其是士气低落，令人难堪。他把所有能够集合的人加在一起，也不过只有 1 万人。而且都是经过连日激战，从什切青和但泽乘船撤出来的，还没有修整补充。用他们去抵挡有 10 万之众的强大装甲部队，岂不是以卵击石？

但是，元首的命令是不能更改的，也是不可违抗的，斯坦纳只好做好随时牺牲的准备。

希特勒还是很清楚的，他深知单凭斯坦纳是难以完成解救柏林的重任的，所有他急忙召集在捷克斯洛伐克指挥中央集团军群作战的斐迪南·舒埃纳尔将军，委托他率领部队冲进柏林，固守帝国首都。

为了能够使舒埃纳尔不遗余力地保卫首都，希特勒命令将他晋升为元帅，并命令克莱勃斯：

▲ 希特勒与舒埃纳尔元帅握手，祝贺他出任"名存实亡"的国防军总司令。

"把所有能出动的人都交给舒埃纳尔，无论如何也要坚持到从捷克斯洛伐克的援军到来以后。"

4月22日，星期天。

随着战争节奏的不断加快，希特勒走向毁灭的最后转折点终于到了。尽管他久久地伫立在腓特烈国王的像前，怀着最后一线希望，企盼能有和国王一样的结局，但是他自己都知道，这种可能性几乎是零。

不知从什么时候开始，他开始怀疑周围的人是否还对他忠心耿耿，他隐隐约约地觉得那些宣誓效忠的人，好像有什么行动在隐瞒着他，似乎是在他的背后另做什么文章，苏军进攻的连连得手，德军的节节败退，似乎就是周围的人和他离心离德的表现。他昨晚几乎一夜没有合眼，翻来覆去地思考为什么周围的人不再给他卖力气。

天一亮，元首就分别给各个指挥部打电话，了解各个方向上的战斗情况，尤其是斯坦纳的反攻情况，但令他遗憾的是，没有人能够告诉他斯坦纳的行踪，就好像斯坦纳已经不复存在一样。

令元首伤心的是各集团军司令部报告的内容互相矛盾，仿佛大家不是在一个整体中作

战，而是各自为战，元首已经明显地意识到，这样的部署难以全面实现有组织的抵抗。

元首叫人去把克莱勃斯叫来，让他解释为什么各个集团军掌握的情况矛盾重重，在这种情况下，怎么样才能使自己下正确的决心，并能获得圆满的落实。

希特勒瘫坐在椅子上，头像乌龟一样，缩在不断抽搐、颤抖的肩膀里，样子很像希腊神话里描述的因为反抗主神宙斯失败而受到惩罚的、用头和手顶住天的压力而极为痛苦的阿特拉斯。

他吃力地抬起右手，指指旁边的椅子，示意克莱勃斯坐下，并希望他能拿出一个满意的解释。

克莱勃斯轻轻地在元首身边坐下，拼命地搜寻能让元首满意的理由，但结果就像他自己所预料的那样，元首丝毫没有得到宽慰，反而更加焦躁不安。克莱勃斯告诉元首，他立即调查各个集团军的报告情况，然后综合报告给元首，希特勒苦笑了一下，轻声说："算了。"又示意克莱勃斯离开。

实际上，不仅仅是元首一人关心着斯坦纳的反攻情况，整个地下暗堡的人都在关心斯坦纳的动向。犹如盼望着救世主一样，大家都希望他反攻成功，并一举将俄国人赶回去，但不管希望如何美好，得到的结果是谁也不知道斯坦纳的影子。

11 时，克莱勃斯接到海因里希的电话，还没等他问话，海因里希将军就向他发出了最后通牒：

"今天是元首离开柏林的最后机会，我没有足够的兵力保护他，否则，一切后果由你负责。"

"斯坦纳呢？"

"斯坦纳？只有疯子才会把希望寄托在他的身上。"海因里希嘲笑道。他知道，斯坦纳指挥的那支可怜的装甲部队仅仅向西南推进了 13 公里，现在已经被牢牢地钉在了原地，丝毫没有能力前进。

出席军事会议的除鲍曼、凯特尔、约德尔、克莱勃斯以及他们的副官外，埃里希·福斯海军少将代表正在北方组建新司令部的邓尼茨，埃卡德·克里斯蒂安将军代表已将司令部迁至柏林西北的科勒尔空军司令。

会议一开始，希特勒就怒气冲冲地要求大家汇报斯坦纳的情况，但大家都一无所知。实在不忍心再欺骗元首，约德尔带头向希特勒报告了真实情况，他说由于军队从柏林北面撤退下来支援斯坦纳，北面阵地受到了极大的削弱，俄军已经突破柏林外围城郭，柏林已经三面被围。朱可夫的一支部队已经到达城东，另一支部队由北向波茨坦逼近，预计一周后将与来自南方的科涅夫会师。

约德尔的话令元首大为震惊，他无论如何也想象不到苏联人会来得这么迅猛，他更想不到，他周围的人竟然把他骗得这么重。他半信半疑地转向克莱勃斯：

"约德尔的话是真实的吗？"

克莱勃斯不满地看了看约德尔，沉重地点点头。

"那斯坦纳到底在那儿？情况怎么样？"

克莱勃斯只好说实话：

"斯坦纳的情况很不好，他只前出了 10 多公里，就陷入了俄军的包围。"

"他的人干什么去了？"不知道哪里来的一股力气，希特勒竟然一下子站了起来，怒发冲冠地问道。

"他只有不到 1 万的兵力。"克莱勃斯无精打采地回答着，他非常希望谁能够勇敢地站出来，帮他分散一下身上的压力，或者把元首的注意力吸引到其他地方。但是他失望了，没有一个人同情地伸出援助之手，勇敢地站起来。

"别说了！"希特勒使劲地摇了摇头，打断了克莱勃斯的解释，他满脸涨红，呼吸急促，

好像周围有无数个大气压在紧紧地压住了他。

"除了几位将军和鲍曼，其他人出去！"元首以嘶哑的声音命令着。如同接到特赦令一样，除了被元首点名留下的凯特尔、约德尔、克莱勃斯、布格道夫四位高级将领和马丁·鲍曼之外，其他人急匆匆地离开座位，一声不响地到候见室等待。

门一关上，希特勒就暴跳如雷，他以从未有过的愤怒用力地挥动右臂，一一指骂着他的将军："混蛋，骗子，叛徒！本来以为你们会和我同心共济，谁知你们竟然各有心事，联合起来欺骗我。好端端的局面就是葬送在你们手中，你们有什么脸面来见我？让人家欺负到鼻子底下而无计可施，你们有什么资格称为帝国的将军？你们这群白痴，败类！你们不仅仅是害了我，更是严重地害了整个德国，你们不觉得自己是在犯罪吗？"

将军们蒙了，他们一个个胆战心惊，唯恐元首做出什么有损于自己生命的事，他们都在搜肠刮肚地琢磨着怎么样才能使元首冷静下来，共议大事，但是谁也不敢说请元首息怒之类的话。

不知过了多长时间，希特勒念叨了几声斯坦纳，一下子跌坐在扶手椅上，痛苦地低声呢喃着："败了！败了！"一副痛不欲生的样子。

忽然，他平静下来，微张着嘴，一句话也不说，慢慢直起身来。时间一分分过去，大家谁也不知道究竟持续多长时间。

过了好久，希特勒的脸上才出现了血色，鲍曼、凯特尔等抓住机会，恳求元首保持信心。

他们说只要元首不丧失信心，帝国还是有希望的。布格道夫劝元首立即改变指挥环境，到贝希特斯加登去指挥全军作战。并重申那不仅对元首有利，更是帝国利益的需要。

希特勒不发火了。他慢慢地摇摇头，有气无力地对他的将军说他决不会离开柏林，不离开他的地下指挥部。

"我是发过誓要与柏林共存亡的，你们谁愿意走都行，但我坚决不能走。"他颤抖着挥了挥手，在嗓子眼里说了一句"走吧"，就算宣布会议结束。

4月24日，德军坦克第56军军长魏德林走进了希特勒办公室，一纸柏林城防司令官

的任命书摆在了他的面前。接到任命，他既有点踌躇满志，又有点大难临头的感觉。他笔挺地站在那儿，倾听希特勒的训词："从今以后，你就接替雷曼中将城防司令官的职务，要记住，保卫柏林直到最后一个人。"希特勒的训词已经明显带有恼羞成怒的意味。魏德林向希特勒报告了修改后的城防计划。东部第 1、2 防区和南部第 3 防区分别加强了 1 个坦克师，北部第 7、8 防区加强了 1 个伞兵师，东部第 5 防区加强了 1 个坦克师。最完整、战斗力最强的机械化第 18 军留作预备队；对某些防区的个别指挥官还做了调整。

苏军两个方面军围住了柏林后，希特勒又下令把外围部队包括海军在内向柏林集中。

希特勒亲自担任柏林防御的总指挥，不仅人防工程加强了，兵力及火力也做了重大调整。大街小巷和交叉路口都处于周围火力控制之下，特别是街角的建筑物里不仅兵力密集，而且从枪支、长柄反坦克火箭弹到 2075 毫米口径的加农炮一应俱全。守备建筑物的部队被分成营连不等的分队分守于各个支撑点。每个楼的上层都有兵力设防，单人或双人狙击手配置完全到位，用于市内战斗时射击和机动的兵力和兵器配置在第一层、地下室和半地下室。多数火器都配置在建筑物里，侧翼还有 4 米厚的坚固街垒作掩护，街垒又由枪手、长柄火箭弹手和地雷作掩护。坦克被固定在街垒后作发射点，重型坦克则埋伏在交叉路口抵抗枢纽部的后部，用于阻击沿街进攻的对方坦克。每一个地下通道，朝外的一段都布置了兵力防守，还利用发达的地下设施体系埋伏了很多兵力，以待苏军冲过之后，对其后方战斗力较弱或孤立的目标给以杀伤。

全市齐备粮、弹 30 天用量，并将库存分散于郊外，市中心几乎没有仓库，以防被炸。密布于地下的电话电缆线，是希特勒在被围情况下市内指挥的主要信息通道。

经过几年的作战，柏林城内已经是后备兵员奇缺，为了加强防御力量，希特勒下令把政府职员、军事学院人员以及所有能组织起来的人员组成了预备队和多个国民挺进营，充当了柏林城最后的坚守力量。

第六章

大厦将倾 兵临城下

经过 4 月 28 日一天的激战，柏林守军已经被分割成三个部分。一场强攻帝国大厦的殊死战斗就要开始了。柏林战役进入了最高潮的部分，苏军取得了伟大的胜利。对德作战的大局已定，德军的投降已经是指日可待的事情了。

No.1 崔可夫的进击

柏林市中心区的战斗开始了。

苏联最高统帅部早在计划和部署柏林战役力量的时候就已经明确了一个方针：攻打柏林市区，由乌克兰第1方面军协同白俄罗斯第1方面军作战，因此，白俄罗斯第1方面军司令员朱可夫无疑要唱主角。

朱可夫指挥部的挂图上，友邻部队包括本方面军攻打波茨坦和万恩泽岛的部队都是用单箭头标示出来的，而突击市区的几个主要集团都是用宽大的双箭头标绘的。上北下南的柏林市区地图，15条铁路从中心枢纽部向四面八方伸展开去，其北、东两面的斯普里河，南面的兰德维尔河以及西边的运河，在市中心围成了一个岛形地域，国会大厦、帝国办公厅等核心建筑坐落于其中，这里是柏林的中心防区——第9防区。地图上雄健刚毅的向心攻击箭头，显示着3组6个对进集团：突击第3集团军和近卫第8集团军北南对进，分别指向国会大厦和帝国办公厅，经过4月26日的激战，它分别进至斯普里河北岸和兰德维尔河南岸。这两个集团军往南，近卫坦克第2集团军与科涅夫的近卫第3集团军、近卫坦克第3集团军形成对峙。东西两个方向，突击第5集团军与科涅夫的第13集团军、近卫坦克第4集团军对进。赫然一幅"百手掏心图"。

苏军对德军柏林集团分割包围后，一部分被围于柏林东南，由乌克兰第1集团军负责歼灭，白俄罗斯第1集团军部分兵力配合。另一部分则被围于市中心区。围攻市中心区的战斗很快就要打响了。由于市中心区街道纵横，建筑密集，防御设施坚固完备，又是希特勒大本营所在地，所以朱可夫在指挥上就考虑得异常缜密。

参谋长马利宁按照朱可夫的意思，具体汇报了柏林市中心区的情况："被围于市中心区的德军主要是第9集团军6个师的残部。此外，还有党卫军警卫旅，各种侦察分队，10个炮兵营，一个强击炮兵旅，3个坦克旅，6个反坦克炮兵营，1个炮兵师，2个炮兵师的一些部队和几十个国民突击营。据有关部门判断，总兵力约有20万人。这是他们建制部队的情况。"参谋长又补充道："根据我们的侦察员和先期与敌人接触的部队的报告，在战斗期间还有一部分当地居民加入战斗，完成侦察、弹药、卫生和工程保障等任务。因此，敌军集团的数量比建制兵力要多。"

朱可夫是位有丰富经验的优秀指挥员，不仅遇事冷静，而且具有灵活的运筹全局的能力。他仔细分析了这次战役在强攻柏林时的各种可能性：连同乌克兰第1方面军攻打柏林的部队一起，到4月26日兵力已经达到464,000人，各种口径火炮和迫击炮12,700门，火箭炮2100门，坦克和自行火炮1500辆，都高出德军数倍，在兵力数量上有胜利的基础。

参战部队中，很多经历了列宁格勒、斯大林格勒和基辅战役，具有城市攻坚战的经验。德军兵力虽然有一定的规模，但是经过多次打击，已经成了强弩之末，并且建制比较混乱，特别是经过空军和炮兵的强大突击后，其指挥设施已经遭到巨大破坏，不容易协调起来。但是柏林巷战与本土巷战又有较大的区别，是军队的独立作战，而且德军还有居民的支持，并且巷战难以展开大规模的兵力，所以战斗将是异常艰苦的。

想到这里，他已经基本确定了攻打市区的思路：多向突破、连续突击、强击作战。

苏军进入市区的部队全部改编为强击群和强击队。这些强击群和强击队装备有坦克和包括大威力火炮在内的各种口径火炮，并配备有工兵分队和迫击炮分队。需要克服江河障碍的强击群和强击队，还配备了渡河器材。苏军一步步地攻占了德国首都的一个个街区。

从苏军总参谋部的战役态势图上可以看出，随着各路进攻部队向市中心的挺进，各个集团军的进攻地带逐渐缩小，它们像一把把插向柏林中心的锋利长矛。

为了对付德军的街垒防御，苏军在战斗中摸索出一套在城市作战中使用大规模坦克部队的作战战术。

最初，苏军的坦克成纵队沿街道向前推进，但是沿街道拉开的坦克纵队会造成堵塞，并且容易遭到德军长柄反坦克火箭弹从侧面的攻击。只要第一辆坦克被击中起火，其他的便无处躲藏。因此，在强击柏林的第一天，苏军的坦克就改变了队形，它们与步兵、炮兵以及工兵密切协同作战，使装甲车辆的损失降到了最低程度。

城市作战，特别是在柏林这样的大城市中作战，要比在野外条件下作战复杂得多。在城市内，大兵团司令部和指挥员对战争进程的影响要比在野外小得多。因此，许多情况下

▶ 苏军士兵配合喷火兵在柏林逐间房屋地搜索残余抵抗军队。（左图）
◀ 1945 年 5 月初，一辆 T—34/85 型坦克快速攻入柏林市中心。（右图）

取决于分队的下级指挥员和每个士兵的主动精神。苏军将部队的指挥，主要建立在充分相信各分队指挥员的才智的基础上。各攻击分队充分发挥独立作战的精神，不断攻克一个个堡垒。

近卫步兵第 79 师第 220 团切尔尼亚耶夫少尉指挥的强击队领受的任务是，将盘踞在阿而特—马肯大街和塔肯多夫大街交叉路口的一座高大石头建筑物里面的敌人驱赶出来。德军拼命加强这座楼房的防御。他们在地下室里配备有小口径火炮和自动枪手，在二楼配备了步兵和重机枪。此外，还与相邻的楼房保持了火力联系。

切尔尼亚耶夫少尉在仔细观察情况后，确定了攻击方案。他命令重机枪指挥员弗拉先科和两名反坦克枪射手向这栋楼房的窗户射击；瓦西列夫斯基中士用 45 毫米火炮去消灭敌人的机枪和随后重新出现的发射点；其他小组在火力掩护下抓住有利时机突击。

苏军的反坦克枪、机枪以及火炮突然开始射击。在猛烈火炮的压制下，隐藏在大楼墙壁后面的德军暂时减弱了火力。特鲁巴切夫中士指挥的强击群利用这个机会，一边射击一边向前冲，首先接近了楼房。战士们向地下室门内以及窗内扔了几颗手榴弹，随后冲进楼房，打死了德军的炮手和所有自动枪手。

与此同时，尼基金中士指挥的巩固胜利小组，紧跟着特鲁巴切夫的强击群冲入楼内。进入一个房间之前，尼基金小心翼翼地打开房门，迅速向屋里扔了一颗手榴弹，几个德军士兵应声倒下，其余的全部溃逃。

苏军逐个房间搜索，一步一步清剿，终于将这座楼房全部占据。

第 5 突击集团军、第 3 突击集团军攻打的市中心的作战地域内，分别有帝国办公厅和国会大厦。他们担负着攻打市中心的主要任务。

第5突击集团军成功的突击，受到了朱可夫元帅的高度赞扬。

考虑到任务的艰巨性，指挥部又给第5突击集团军加强了坦克第11军。

它们从东向西，首先要强渡斯普里河。

近卫第26军和第32军担负着从东向西直捣中心的任务。

尼克拉伊·瓦西里耶夫上士是该集团编成内的第266师832团6连的一个炮长，他首先随炮兵连来到高地。

"开火！"瓦西里耶夫挥动着小旗。

第五突击集团军的炮火打响了。

在向市区的攻击中，283团一个连冲到了街角，遇到了一个筑有几处坚固工事的房屋。这幢建筑以其有利的位置和坚固的设防，直接阻碍着283团的进攻。由于该连所处位置不利，德军居高临下，几次冲击都未能冲进大楼，正面冲击遇到了很大的困难。

党小组长库兹涅佐夫带着一个小组，隐蔽地绕到大楼侧后，从后面勇猛地突了进去。

大楼内的德军全然不知，在面向街心方向的一个射孔后面，一个德军正操纵着机枪疯狂地向外射击。库兹涅佐夫想也没有多想，举枪就是一个点射，德军士兵应声曲仰在墙角，机枪火力点哑了，大街上火力减弱了许多，后续分队相互掩护着接近了大楼。冲击大楼的苏军冲上屋顶，逐层搜缴。

在二楼楼梯至楼道的拐弯处，一名苏军突击队员转身向左侧楼道冲击，在七八米远的地方迎面撞上了一个手提自动步枪的德军士兵，两人同时发现了对方，几乎同时举起了枪，可惜德军士兵扣扳机的手稍微慢了一点，先四仰八叉地躺在了那儿。

战斗仍在继续。

强击队又冲进了一幢楼房。突击队员们突然与一伙德军撞在了一起，刺刀派上了用场。上尉乌拉克英采夫扑向德军，以娴熟的刺杀功夫连续刺死十名对手。一阵激战过后，又一幢楼房落到了苏军手里。

第5集团军早于其他集团军进入市区，进入市区后，该集团军所辖各个部队一路勇猛突击，进展比较顺利，集团军司令正指挥着各军准备向亚历山大广场、威廉皇宫、柏林市政管理局和帝国办公厅推进时，4月24日，苏联最高统帅部任命该集团军司令员别尔扎林上将为苏联驻柏林的第一任城防司令员和苏军卫戍司令员。

在奥得河到柏林市区的斯普里河之间的战斗中，第3突击集团军一路猛打，生俘、击毙德军数千人，所经之处，德军尸体遍地，被毁以及丢弃的武器装备比比皆是，一片狼藉。

慑于这支部队的勇猛，德军投降者日益增多，特别是在强渡斯普里河时，苏军士兵刚刚架好桥，约有 20 名德军士兵就已经首先过了桥，向苏军投降了。

柏林市中心，一个连接着 15 条铁路的铁路枢纽部还平静地躺在那儿，虽然有的路段已经被苏军的炮火炸毁，但是德军还是希望借此进行抵抗。公路，也被炸弹的弹坑和被炸建筑的成堆瓦砾堵死了。这时一些德军士兵利用残存的路段在向各方面运送着作战物资，他们启用了一些可以临时搬上铁轨的小型牵引车，在铁路枢纽处向各方机动着物资，铁路枢纽还没有死亡。

崔可夫指挥的近卫第 8 集团军和近卫坦克第 1 集团军，已经把这个运输中枢列在了重要目标的名单上。他们从东南、南部向柏林市挺进，与突击第 3 集团军遥相呼应，他们并没有打算彻底破坏这个枢纽部，因为，铁路本身是中性的，它控制在谁的手中，就可以为谁服务。所以，这两支部队把目标定为"歼灭固守敌军，控制周围建筑，尽量保护一些重要设施，控制技术人员。"

突击铁路枢纽部的战斗开始了。

2 个集团军，几万人的队伍要同时开进或攻打枢纽部是无法展开的，两位集团军司令部经过商议，决定用 2 个步兵师和 1 个坦克师加强部分炮兵组成突击集团，由朱可夫司令部统一指挥，其余兵力在外围作战，或者继续完成其余任务。

德军为了延长自己的生存时间，想尽了一切可能阻止苏军的手段，他们以车站建筑为基础，先是改造成可以互相支撑的支撑点群，用水泥围子把数辆坦克筑起来，只是露出炮塔，在一周构成环形防护圈，坦克兵没有办法出来，也没有办法退，他们要么打，要么就死。兵力防御中，希特勒把大量的坦克都这样使用了。在铁路线上，一串串装满煤炭、沙石、废旧车辆和机器以及其他还没有来得及卸下的物资组成了几道列车障碍，一节连着一节，一排挨着一排，挡在重要建筑物前，坦克顶不翻，撞不断，步兵机动、射击也受到很大的限制，炮兵也难以直接瞄准。

苏军突击部队见状立即改变了集中全歼战术，他们把大炮和坦克组合在一起，在坦克必须经过的地段上，他们先集中强击炮炸断列车的连接部，而后坦克强行顶开单节车厢，有时用坦克顺铁路推走车厢，用这些办法解决了坦克被阻碍的问题。步兵则化整为零，每十几个人组成一个小分队，在障碍缝隙中穿梭，密密麻麻的到处都是攻击的小分队，对那些难以用炮火摧毁的坦克发射工事，他们用多个小组多个方向此起彼落地向前围攻，使坦克不知道打哪一处好，击东则西进，击南则北进，就这样，各分队都先后贴近了水泥围子，用炸药包一个个解决了他们，攻击部队势如破竹，用了两个多小时的时间就控制了整个枢纽部的全局。

又是一个重要目标，又是一群扛着白旗的俘虏，又是一次痛快淋漓的进攻，还有，又是一批洒尽了鲜血的战友，又是一批失去儿子的父母，又是一批失去丈夫的妻子，失去父母的儿女。苏联军队在一步步地向着希特勒老巢逼近，苏军的前方和后方，这种挽歌也在一曲曲地接续着……

都道将军的心是铁打的。甚至有人说将军的血可能都是冰凉的。因为，他们看到一群群士兵倒下去，脸色竟然没有任何的变化，有时甚至不屑一顾，继续挥刀向前。

其实，这种看法是不对的，这种看法误解了将军，因为，在那个时刻，他们面对的是你死我活的斗争，他们有比为战士哀伤更重要的使命，那就是取得战争的胜利，战胜对手，这才是对逝者最好的纪念和敬礼。所以，将军就是将军，他不是母亲。

近卫第8集团军与柏林战役的其他部队一样，每天都在挺进着，几次酣战之后，他们与同其对进的突击第3集团军仅仅只有2.5公里了，一旦他们的手连起来，希特勒就将被彻底挤出这个世界，他将随他在全世界扩张出去的版图一起消失。

几路大军潮水般涌进，希特勒大营外的一个个支撑点被拔掉了，一个个大小不等的效忠集团被生擒或歼灭了，一座座建筑、一条条街道逐步落入苏军之手，苏军大小不等的红旗在凸出的建筑物的顶部一面面地增多起来，正义之师正在吞噬着邪恶，胜利的曙光在升起，法西斯的末日在降临。

又经过28日一天的激战，柏林守军已经被分割成三个部分：一部被围困在柏林东北部，一部被围于蒂尔加滕花园地域，这两个集团的联通地带只剩下1200米；蒂尔加滕花园和被围的另一集团——维斯滕德及鲁莱本地域德军的咽喉地带只有500米。

第8集团军强攻蒂尔加滕花园区的行动开始了。为了准备对最后目标的攻击，第8集团军和其他集团军一样进行了休整，攻击国会大厦的第3突击集团军又新投入了一个军。为攻克最后的堡垒，集团军司令员们都指示部队要充分做好准备。

崔可夫的一支部队提出通过地铁干线潜入蒂尔加滕花园区。这是一个大胆的设想，但是崔可夫没有马上表示同意，先向侦察员们反复地了解情况。他得知了一些重要的细节：柏林南部市区的地铁站大都设在地面，因而到目前为止一直没有利用这些隧道。而那些设在地上的干线会把苏军引向相反的方向。还有，柏林地铁车站狭窄、拥挤、隧道深度只有34米，飞机轰炸后，许多路段已经被泥土堵满，或者被水淹没。

还有两条从泰姆泊尔霍夫机场方向通往蒂尔加滕花园区的隧道能不能利用呢？崔可夫提出首先要进行侦察。

亚历山大·扎姆可夫是一位出色的侦察员，他担当了这次侦察任务。

扎姆可夫下到了地铁站内，下面一团漆黑，伸手不见五指。

他沿着黑洞洞的隧道向前走了300米，里边静的可怕，突然，前方出现一个亮光点。

侦察员轻轻的匍匐前进。

他一步步地接近亮点，那是一盏由挂在墙壁的避险洞里的蓄电池供养着的小电灯。扎姆可夫的全身器官进入了高度警觉状态。德国人的谈话声！香烟味！罐头味！

扎姆可夫认定这里有一群德国人。

接着，德国人又打开了第二盏灯，并对准了侦察小组的方向，然后他们在暗中隐藏起来。

侦察小组伏在地上向前观察。

一个大铁门镶嵌在一堵砖墙里，横堵住了整个隧道。前进了几十米，突然枪声大作，德军似乎听到了动静，自动枪、长柄火箭弹一齐打来，侦察员们躲进了墙壁上的避弹洞。他们决定消灭这股敌人。

扎姆可夫一摆手，几颗手榴弹同时扔过去，间距很小的几声巨响，使昏暗中的德军乱了阵脚，侦察小组乘势向前突击了200多米，德军急速撤退了，这才使得侦察员们判断清楚，这股德军不是守隧道的，可能是警戒哨一类。

向前冲击过程中，前面又见到了一堵墙，德军就是这样用逐段设置堵墙的办法，控制着隧道。侦察员把情况向崔可夫做了汇报。

崔可夫放弃了以大量兵力从隧道进入蒂尔花园区的设想，开始了强渡运河。

运河把蒂尔花园区同强击部队隔离开来，地下不通，他们就必须强渡这条运河。

步兵们在火力掩护下直接从河里渡过去了，他们采用先向河内投诱饵，吸引敌人火力点射击，然后集中压制再过河的办法。坦克与过河步兵协同作战，打开了运河对岸的登陆场。

长8公里、宽2公里的蒂尔花园区处在了苏军的包围之下。这个椭圆形的孤岛，成了德军的最后一个核心堡垒。通信枢纽部、指挥所、防空司令部都设在这儿，占据着一所地上地下共6层的钢筋混凝土结构的建筑。帝国办公厅里希特勒及其600多名党徒还巢居在这儿，很多沉重高大的方柱支撑着有棱角的建筑，显得十分阴森可怕。北边的国会大厦，经过多次炸弹的破坏，已经成了一座空荡荡的庞然大物，歌剧院、宫殿、博物馆均已经变成了支撑点和抵抗枢纽部。

柏林的解放，整个德国的解放，就取决于对蒂尔花园区的攻击，取决于对帝国办公厅里希特勒老巢的最终捣毁。

No.2 强攻帝国大厦

国会大厦，是古老德国的象征，帝国的议员们，曾经以身居大厦漫议国事而自豪，它的繁荣，是德意志兴旺的标志，同理，它的坍塌，也是法西斯灭亡的象征。而今天，这种灭亡的丧书实际已经写就：一座富丽豪华的古典式大厦已经被改造成试图延缓法西斯灭亡的支撑点。四周的门窗被堵得严严实实，一个个观察孔、射孔伸向四方，俨然一座中世纪的古堡。以该堡为中心，四周的建筑物也同时被改造成防御的堡垒，作为大厦的重要支撑。周围平坦的花园，被掘得一片狼藉，堑壕、工事彻底夺去了昔日花园的美丽。作为希特勒支撑自己的砝码，这座大厦战堡已经在这里静静等了几十个昼夜，无论它的形象多么丑陋，苏军都必须去面对他，攻克它。

一场强攻帝国大厦的殊死战斗就要开始了。

突击第 3 集团军特别荣幸地接到了这个任务。

第 3 集团军的侦察队，早在部队攻打大厦外围时，就做了详细的侦察，从抓到的各类德军俘虏口中还得到了一些基本情况。

中国古代有句名言：知己知彼，百战不殆。攻打国会大厦之前，苏军已经对德军以及大厦的情况摸的很熟。

大厦位于蒂尔加滕中央公园东北角，紧靠斯普里河南岸。

大厦周围的建筑有内务部大楼即吉姆勒宫、帝国剧院、政府大楼、勃兰登堡大门。他们构成了大厦的屏障。

科尼格斯操场上大量高炮控制着通往大厦的接近通道。各建筑与大厦火力相交叉。

交通方面，莫尔特克桥是唯一越过斯普里河通往国会大厦的一座桥，而且还有多层火力控制。大厦周围的空地，防坦克壕灌满了水，交通壕与大厦地下室紧密相连。

大厦守备队，共有兵员 1000 名，来自空投到大厦地域的罗斯托克市海军学校学员，还有炮兵、飞行员、党卫军支队和国民突击队。

希特勒下达了疯狂的命令，要不惜一切代价守住大厦。

朱可夫和库兹涅佐夫命令，要不惜一切代价拿下大厦。

大厦地域，苏德两军刀兵相见。

突击第 3 集团军的所有师长们都还记得那次动员会：集团军做了很多面红旗，战斗开始前，集团军政治委员把红旗授给了所有步兵师，希望他们把红旗插遍柏林的每一座主要建筑物。

大厦谁来攻？不可能使用一个集团军。

步兵第 79 军争得了这个历史性的任务。

军长召集师长开动员会并布置作战任务，几位师长都屏住了呼吸，等待着军长宣布自己师的番号，因为大厦本身也用不了一个军。

军长宣布了命令。

173 师为先遣队，28 日夜，首先夺取莫尔特克桥，然后把街角大楼的敌人赶开，保障后续部队过河，并向大厦接近。

上校师长涅戈达，觉得这任务不大够味，可军令如山，此时只能接受。

150 师占领内务部大楼，并占领强攻国会大厦的冲击出发阵地。

150 师师长很满意，坚定地说："明白！"

207 师占领帝国剧院大楼，并注意接应第 8 集团军。在主力强攻国会大厦期间保障主力后方。

4 月 29 日，零时 30 分。

步兵第 765 团第 1 营和步兵第 380 团第 1 营，在炮火的掩护下，一举夺得莫尔特克桥，这是攻占国会大厦的必由之路，在此之前，步兵曾经试图攻占该桥，但是在付出惨重代价之后，始终未能如愿。

现在，通向国会大厦的大门被打开了！

紧接着，苏军对防守坚固的支撑点内务部大楼进行了强攻。

被称之为"吉姆勒宫"的内务部大楼，是一个固若金汤的建筑物，大楼下层和半地下室的墙有两米多厚，并有土堤加固；门窗都用砖紧紧堵死，并且筑有防护栅栏。一部分窗户设置的射击孔和观察孔，把斯普里河置于严密的火力控制之下。

清晨，苏军对吉姆勒宫实施了十分钟的炮火袭击。猛烈的炮火，一时把德军打得毫无还击之力。特别是 M－31 火箭炮，给吉姆勒宫造成极大的损失。炮手们把火箭炮沿着古马奥里特大街和克龙普林岑河街运到街角大楼的二楼上，从那儿直接瞄准吉姆勒宫射击。

在炮火的掩护下，步兵第 150 师第 756 团从莫尔特克过河到对岸，开始了夺取吉姆勒宫的战斗。

这是一场短兵相接的鏖战。

到下午 1 时，第 756 团才占领了面向施立芬沿河大街的一角，然后艰难地突入院内。

这一天，第 756 团、第 674 团、第 380 团的各个分队，为攻占这座建筑物进行了殊死战斗。吉姆勒宫内的法西斯分子，进行着绝望而又顽固的抵抗。战斗一直持续到第二天凌晨，这座堡垒才被苏军攻克。

帝国剧院，同样是一座坚固的堡垒。

苏军在经过了一番不亚于攻占吉姆勒宫的激烈战斗后，好不容易才从希特勒分子手中夺下了这座剧院。

现在，该轮到苏军士兵，在这儿上演一幕幕话剧了！——其实，准确地说，苏军士兵已经在剧院前，以自己的勇猛气概，表演了一场精彩的反法西斯话剧。

4 月 30 日，下午 1 时 30 分，强攻国会大厦的战斗，正式开始了。师长们按照军长布置的任务各自准备去了。

指挥员们在忙碌着部署军队，同时整个部队也在优选着自己的旗手。人到旗到。红旗，是战场上无声的号角。

在前出到国会大厦的路上，150 师师长沙季洛夫将军把从集团军受领的第 5 号红旗授予了步兵第 756 团团长津琴科上校。津琴科上校又把这面旗交给了最优秀的大尉营长涅乌斯特罗耶夫。"你们第 1 营要保证把这面旗插在国会大厦上。"团长信任地叮嘱道。

参加攻击国会大厦的分队，都有各自的红旗，这时，他们都选派了最勇敢、最优秀的战士担任旗手，都想着第一个把自己的红旗插上去，想着让自己的红旗在最高处飘扬。

沙季洛夫想起了这面红旗的来之不易和其间的一波三折。

当初向佩列维尔特金将军汇报的时候，将军对他说：

"刚刚收到库兹涅夫将军的命令，第3集团军军事委员会决定在柏林国会大厦上升起10面红旗，而有资格获得的只有在预定计划中执行攻击柏林中心的几支部队中作战勇敢、进展迅速、有望抢先攻入国会大厦的单位。"

他稍为停顿了一下，加重语气说："我认为你的部队能够完成这个任务，一定会第一个把红旗插上国会大厦！"

没等军长说完，师长便表态了："请军长放心，我们一定完成任务，一定会第一个把红旗插上国会大厦！"

师长的话不是瞎说，军中无戏言，自古以来，任何称职的指挥官都不会口出狂言，说一些部队力不能及的话，因为那会影响上级下定正确地决心，影响整个战役的胜利。

为了圆满完成上级赋予的任务，沙季洛夫果断地部署工作：

"参谋长和相关人员迅速拿出进攻国会大厦的详细部署，政治部立即到二梯队进行攻城升旗动员，后勤机关迅速给攻城部队补充弹药……"

师长刚刚部署完工作，第3突击集团军的红旗就送来了，这是一面普普通通的旗子，和别的红旗没有任何的区别，只是在旗的最下脚标有一个数字"5"。但在将士们眼中，它又不是一面普通的旗子，它将代表着尊严，代表着强大，代表着胜利。

但是事情并没有就此结束。

自从在军首长手中接过突击集团军授予的红旗之后，全师官兵就憋足了一口气，要第

▲ 满目疮痍的柏林城。

一个把红旗插在德国首都的帝国大厦之上。谁知集团军又命令他们师就近攻占一个发电厂，而后转为保卫该厂，调整部署，待命进攻。眼睁睁看着友邻部队浩浩荡荡地往柏林城里冲，而他们却在这儿待命，心中真不是个滋味。

佩列维尔特津将军来了，还没等沙季洛夫将军发牢骚，军长就兴冲冲地喊了起来："告诉你一个好消息，集团军已经同意你师重新配置部队，继续进攻，从正面攻击柏林。"

"真的？"沙季洛夫真没有想到任务变得这么快，又那么符合他的心愿。

佩列维尔特津将军从副官手中拿过地图，打开放在沙季洛夫用箱子做成的指挥桌上，指着一个鲜红箭头说："你们的任务是往南，从普列特增泽区打开突破口，从连尼肯道夫郊区的南缘，经施番道尔、西法儿斯一线，直指柏林。"

佩列维尔特津将军命令："立即进行攻城准备。"

"是！"

"将军同志还有什么具体指示吗？"

"没有了，我只等着看你们第一个在帝国大厦上升起我们的红旗。"

一送走军长，沙季洛夫立即将所属的两个团的团长——津岑科和普列霍达诺夫叫到指

▼ 被俘的德军官兵从勃兰登堡门前走过。

挥所，向他们部署了具体的任务。

至此，一切才算是定了下来。

4月30日凌晨5时整，帝国剧院、国会大厦硝烟四起，炸裂声震耳欲聋，苏军炮兵的集中射击、直瞄射击开始了；担任强攻的各部士兵，越过瓦砾堆，跳过各种弹坑和壕沟，在一排排被削去树头、烧焦表皮的树干间穿梭。他们看准了距离国会大厦300500米的两条大沟，一条是防坦克壕，在大厦南侧，一条是用掘开法修地铁挖的，尚未覆盖，沟里都灌满了水。各分队在这儿占领了出发位置。

炮火在不停地射击，一队队士兵在向前运动着，在一片炮声中，150师、171师各个分队都占领了出发位置。

大厦紧缩于高墙和胸墙掩体内，苏军士兵开始琢磨怎么突破它、越过它。

国会大厦是德军的最后一块重要阵地，德军在这最后的阶段几乎拿出了浑身解数，企图靠它来延缓自己走向死亡的进程。守住大厦，不仅有政治上的需要，还有军事上的需要，那就是大厦居高临下，以其一点控制一片。再就是里边有1000多人的有生力量。

步兵第150师师长沙季洛夫，已经随部队攻克了若干座大小城镇，论城市作战的经验

他可是行家里手，但是这次他没有完全拘泥于过去的经验，他的指挥所靠前了，就设在距离大厦不远处的一座不被人注意的小建筑物里。在这里他看到了部队炮火准备和接近部队的大部分情况。

4月30日13时整，几乎没有感觉到时间差，第一群炮弹整齐地向大厦击去，整个大厦顿时有一种被定时起爆的感觉，一刹那间穿起了一个烟裙。紧随而来的是一束束火箭弹的咆哮声。大厦主体，旧伤痕再添新疤。有的墙壁被炸裂，有的角部坍塌，有的地方则直接被击穿成一个大洞，有的地方只是被挖走一块墙皮。

希特勒军队是背水一战，战亦死，不战亦死，反不如以战换取一线生机。希特勒已经把他们推向了绝路。

这时，来自大厦各层火力点和周围建筑物的火力越打越猛，苏军的伤亡急剧扩大，第一批突击分队被迫撤了下来，向国会大厦的第一次强攻失败了。

经过第一次冲击，大厦的重要火力点也都暴露了。

军指挥部决定，于当日18时再次强攻。

接到命令，攻击部队进行了周密的准备，他们根据敌人火力点的位置，给每一门火炮进行了分工，有的几门炮对准一个火力点，并围绕主突方向将炮火兵力相对集中，他们强行换下了受伤的战士和军官，对实力进行了补充。

18时终于到了，这是一个真正复仇的时刻，这次炮火准备不再是盲目地乱打了，每门大炮对准目标，非常准确地打掉了一批重要的火力点，给德军以有效的压制。

仅仅几分钟之后，苏军就到达了国会大厦，很快，大厦底层多处就飘起来红旗，这红旗极大地鼓舞了攻击大厦的全体官兵，也鼓舞着在大厦地区作战的各个部队。

彼得·皮亚特尼斯基是苏军党组织的负责人，冲击中，他亲自扛着红旗，一边甩手榴弹，一边向大楼冲击，在红旗的背后，他的连队飞似的向大厦冲击。他已经在连队先头登上了通往大厦入口的多级阶梯，正在向前飞奔时，不知道哪里打来一颗流弹，指挥员饮弹牺牲。下士谢尔宾接过红旗继续向前冲，大厦门口的圆柱上终于飘起来他们的红旗。

重型炮兵分队，这时也不能使用大炮了，他们端着冲锋枪一起冲入大厦，插上了自己的红旗。

苏军士兵冲到了圆顶形的前厅，隐蔽在周围的德军向苏军打来，他们灵活地利用一根根圆柱躲避敌人，一步步地逼近敌人，苏军与德军犬牙交错，纠缠在一起，双方端起刺刀，一场面对面的冷兵器厮杀在前厅展开。德军拼刺的功夫不如苏军，一个个地毙命，另一部分有的退守房间，有的钻入地下室，有的到了上一层，苏军开始分路追杀。

　　国会大厦的房间里，堆满了木质办公设备，手榴弹的爆炸引起了大火，德军钻入了地下室，为了把他们赶出来，苏军调集来了喷火器，一团团凝固汽油燃烧的火焰，使大火在楼内处蔓延。德军出来了，一场烈火中的搏斗又开始了，德军且战且退，被逼入大火之中，有的带着火焰从楼上跳下去活活摔死。

　　沿着先头分队的突破口，三个强攻营都进入了大厦，近千名苏军与近千名德军在大厦之内展开了乱战。狭路相逢勇者胜，刚刚进入大楼的苏军，谁也说不清哪儿会突然冒出敌人的子弹来。他们凭着凌厉的攻势，互相掩护，一个房间一个房间地搜索，为了躲避大火，德军到了上层，并且死守楼梯，使苏军每攻打一层都付出较大代价。

　　二层的楼梯口三挺机枪架在了水泥墙后边，紧紧卡住了通路，十几具苏军士兵的尸体堆在了楼梯入口处。喷火兵佐罗夫斯基把最后一罐凝固汽油送了上去，敌人的机枪哑了，可是大火又布满了楼梯，苏军士兵们待火势稍小，一个个越过火障，又去投入新的战斗。

　　3个小时过去了，楼内一片漆黑，加之不熟悉楼内情况，战斗更加艰难了。双方摸着黑继续打。中士彼得森冲到了暗处，与一名德军士兵背靠背互相掩护着，都以为是自己人，借着窗口的一丝光线，他才发现德军的大扣子，说时迟那时快，一刀刺下，结束了德军士兵的生命。在漆黑的乱战中，米宁中士摸到了顶层，于4月30日22时30分，把一面红旗插在了顶层外边的雕塑群中。

　　突击第3集团军的第5号红旗，象征着他们攻击的第5个重要目标，津岑科团长自从师长那里接过这面旗子之后，又把他授予了侦察员坎塔里亚和叶戈罗夫。他们分别和列别斯特中尉指挥的战士一起，带着特殊的使命，边打边向楼顶冲去，侦察员们凭着身体的敏捷躲过了德军数次追击，于4月30日晚11时15分，把第3突击集团军这面最大的红旗竖在了法西斯帝国议会大厦的最高处。

　　柏林战役进入了最高潮的部分。

　　在最高潮的部分苏军取得了伟大的胜利。

　　对德作战的大局已定，德军的投降已经是指日可待的事情了。

第七章

穷途末日 狂魔低头

希特勒是举世公认的战争狂。他的大名与第二次世界大战
密不可分。科勒尔的第一个念头就是找拟定的帝国元首的合法
继承人戈林元帅，让他决定该怎么办。希姆莱抬起头，好像是
看到一线希望似的，他把目光集中在伯纳多特身上。戈培尔深
知自己的命运。他比希特勒更狠心，他要他的6个孩子随他一
起自杀，他连自己的孩子都不让苏军带去。此后，他又用大约
一周的时间才决定了此余生。现在，已经到了实行这一决定的
时候了。

No.1 战争狂魔的崛起

让我们把目光回到 1945 年 2 月初。

德意志帝国威廉广场。

此刻，这里看起来一片荒芜。举目环视，到处是烧焦了的残垣断壁和窗户上被打穿了的窟窿。

在这看起来已经成为废墟的后面，就是宫殿式的古老的帝国办公厅。这个威廉时代的象征只留下被损坏得一塌糊涂的样子。

房屋前面是堆满瓦砾的小花园。里面的花坛也不知道什么时候被打碎了。完整的东西只剩下帝国办公厅正面楼房上不大的方形小阳台。曾几何时，希特勒曾经站在这个阳台上接受柏林居民的多次欢呼。

希特勒是举世公认的战争狂。他的大名与第二次世界大战密不可分。

然而，年轻时候的希特勒曾经连续几年逃避征兵体检，直到 25 岁才迫不得已在萨尔茨堡后备役体检局进行了一次体格检查，但结论是"不适合服役，体质太弱"。这主要是因为他不愿意参加奥匈帝国的军队。

事隔半年后，他主动上书，申请自愿参加巴伐利亚步兵团，并获得了批准。这样，他不用再担心加入他不愿意加入的奥匈帝国的军队，也不必再发愁因为没有固定的收入而去苦熬寒冬了。他在巴伐利亚军队找到了膳食和住所，不必再为生计发愁。

希特勒在步兵团担任传令兵，任务不太重。1916 年 10 月 5 日，他在一次战斗中大腿受伤了，从而留下了后遗症。1918 年 8 月 14 日，希特勒被授予一级铁十字勋章。

1923 年 11 月 8 日，34 岁的希特勒在慕尼黑贝格劳凯勒啤酒馆发动政变，第二天早上，他率领数千名追随者在巴伐利亚首都举行"解放挺进"游行。他走在游行队伍的最前面。身穿燕尾服、外套胶布雨衣，左胸上佩戴着一级铁十字勋章。他率领的游行队伍快到达统帅府大楼时，突然间枪声大作，人们纷纷逃命，而希特勒则登上一辆事先准备好的救护车离开了现场。

啤酒馆政变失败后，希特勒吸取经验教训，重整纳粹党，加强控制，并全力争取德国权势集团的支持。

1933 年，他登上了德国总理的宝座，从而标志着纳粹政权的建立。1934 年 8 月 2 日，兴登堡去世后，他一举成为国家元首兼政府总理。

希特勒上台后，他极力使整个经济为战争做好准备，并打破凡尔赛条约的束缚，积极扩军备战。1935 年 3 月 16 日，希特勒公开撕毁凡尔赛条约，宣布实行普遍义务兵役制，建立一支和平时期由 36 个师组成的德国陆军。

希特勒在一份专门备忘录中，为德国在 1936 年通过的 4 年计划提出了如下目标：

一、德国军队必须在 4 年内具备作战能力；

二、德国经济必须在 4 年内为战争做好准备。

希特勒的扩张计划大致可以分为三个阶段。

第一阶段，建立一个囊括中欧的大德意志，作为核心，它主要包括奥地利、捷克的苏台德地区和波兰的但泽走廊等有大量德意志人居住的地区。

第二阶段，打败法国，消灭苏联，夺取欧洲大陆的霸权，并以此作为称雄世界的基础。

第三阶段，向海外发展，战胜英美，统治全世界。

总之，用一句话来概括就是："先大陆，后海洋。"希特勒的野心是很大的，可以说他为之付出了很大的努力，但是，终究事与愿违，他不可能实现自己的奋斗目标，不可能再站在帝国办公厅楼房正面那个小小的阳台上来接受人们的欢呼了，也不可能继续坐在元首办公厅发号施令，指挥一场屠杀人类的战争了。

元首办公厅看起来威武森严，这所建筑物占据着由威廉广场通向吉尔曼·文林街的整个福斯大街。警卫们一个个都是经过严格挑选的，年轻而又高大，他们远远地站在哨位上，只要有什么军官一出现，他们就持枪立正敬礼。然而，凡是要进去的人，都要受到极为仔细的检查，武器必须交出。

在柏林陷落之前，希特勒还坚持在这里听部下的汇报。他通常独自站在大厅中央，脸向着门口。大家按进门的顺序向他走去。他几乎跟每个人都默默握手，偶尔也向个别人提出问题，而这些人的回答通常也只有两种："是，元首"或者"不是，元首"。

2 月初的一天，德军高级将领们来此谒见希特勒。古德里安作为陆军总参谋长首先对东线的情况进行了汇报。他的汇报简短扼要，或许这与他的性格是分不开的，另一方面也取决于他与希特勒的特殊关系。在 1941 年进攻莫斯科的战役失败后，他曾经被解除了职务。1944 年 7 月 20 日，德军总参谋长卡里杰尔因政变被撤职后，他才重新得到赏识，并被任为现职。

他主张东线要保持相当强的兵力，他特别清楚东线的形势和苏联的军事优势，知道东线对德军的危险性。他提议集中一切现有力量组织和保持东线的坚强防御，为此必须削弱西线，放弃一切为了面子而进行的攻势。

然而，希特勒最初不同意将可以调出的兵力调到东线去。古德里安走到邓尼茨跟前，与他一起移步到大厅深处开始劝说他。古德里安的声音虽然很低，但是看得出来却是很感人。

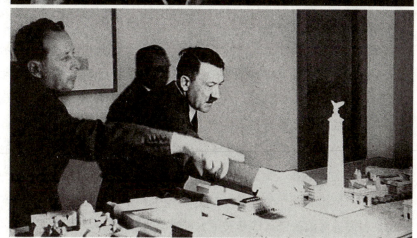

希特勒与啤酒馆暴动时的"战友"在一起。左为鲁登道夫将军。

希特勒计划修建一个他心目中的慕尼黑，这是他与设计师一起在慕尼黑设计模型前比画着。

他知道邓尼茨对希特勒有很大影响，他也清楚邓尼茨能比他更快地达到目的。汇报临近结束时，大家都睁着眼睛看正在商谈的希特勒和邓尼茨，希特勒站起身来，背着手前后徘徊了几步，然后转过身来用又尖又高的声音强调说，德军不能从西线调出，只是稍为平静了些后，他才补充说："可以撤出一个师，古德里安，请你明天给我准备好一个适当的计划。"

然而，随着战役过程的发展，事实上证明了古德里安的建议是正确的，而希特勒最终也不得不从西线调出大量的兵力来加强东线的防御，以阻止苏军的西进。

1945 年 2 月到 3 月，德军在西线的情况也如同东线一样十分被动。英美盟军在抢过雷马根大桥并在莱茵河上建立了新的桥头堡之后，便进入了德国本土，由此再往前，盟军基本上便没有什么障碍了。这时，希特勒经过宣传，宣布发动"全民战"，动员男女老少都加入战争，以抵抗东西两线的进攻。

难道希特勒真的认为这种绝望的发明能在军事上获得某种效果，或能改变一下战役的进程吗？难道他真的认为德国老百姓会同意这种自杀的办法吗？他是不是想把自己当作瓦格纳大歌剧里面的主角，在回光返照的时候还想把"千年帝国"的德国人都引向毁灭？

实际上，希特勒早已失去了与人民的联系，也不愿意去了解人民了。不久，希特勒就发现，发起全民战的运动没有任何意义。在苏军和盟军的挺进面前，德国人民几乎一致拒绝采取这种方式来进行战争。甚至连希特勒认为最好的士兵也都没有响应这个号召。当从挪威调回的党卫军第6山地阻击集团在陶乌斯山脉被美军包围时，希特勒曾经下令该军团1500人转入小股的"全民战"，但是什么效果都没有。

但是，对于这一切，希特勒从来都看不到，或者是不愿意看到，以免外界因素干扰他的"天才决定"。战争对他来说只是一些数字和在德军总参谋部地图上用红蓝铅笔作出的记号而已。他甚至没有看看新闻照片上反映的众多被轰炸和破坏的场景。同时，他周围的人还尽量设法不让他知道一切会令他不快的事，不去打破这种害人的自我欺骗。就连丘吉尔这位被希特勒称为"军事上的蠢材"的人，为了提高人民的情绪有时还会出现在伦敦的废墟上去演讲几句，或者为了鼓舞自己的士兵也带着雪茄和拐杖出发去前线。而希特勒却死死地封闭着自己，一次也没有访问过遭受进攻的柏林居民，或者去看一眼前线的士兵。

但是另一方面，他却用了相当多的时间去为了一件小事而操心。为了设计某种新的勋章，他可以把决定千万人命运的国家大事和军事决定搁在一边。有时，他甚至能用个把小时的时间去考虑改造首都和其他大城市，而看不到对手即将打到自己的身边。有人这样说，这可能对他是一种休息或娱乐，就像罗斯福专心收集邮票，丘吉尔喜欢他心爱的拐杖一样。但是，就是丘吉尔和罗斯福，他们终究还是把战略问题放在首位，授权自己的将军们去做。

1945年3月，当德国就要走向崩溃的边缘的时候，古德里安忍不住想要干预政治了。他通过负责外交部和总参谋部之间联系的巴拉东公使，与外长里宾特洛甫谈妥了会晤一事。只是在这次会晤中，里宾特洛甫才从古德里安口中得知战争即将失败。

古德里安想让里宾特洛甫同意这种观点，即希特勒应当在一切条件下开始与英国人和美国人进行谈判。但是，里宾特洛甫不同意，理由是希特勒会"把他赶出去，让他滚蛋或者枪毙他"。

在这种情况下，古德里安决定去见希姆莱，他俩一致认可让戈林去见希特勒，于是希姆莱便去找戈林。希姆莱同戈林谈了约有四个小时，戈林也完全认为必须走这一步，但是却同样拒绝去见希特勒，并说不能破坏对希特勒的忠诚。同时，他也说"这样希特勒会把我赶跑的"。只是在这种手足无措的情况下，希姆莱才决定单独活动，他在政治上看得比希特勒要远。他曾经没有通知希特勒就从集中营里释放了数千名丹麦和挪威政治犯。

大约在3月20日左右，希特勒在元首办公厅的军事会议上"劝"自己的参谋长古德里安到疗养院去治疗心脏病，古德里安懂得了希特勒的意思，道谢之后离去了。

下一个感到在希特勒面前失信的是戈林。

一次，高级将领们又被希特勒召到元首办公厅去讨论形势。当海陆军将领们汇报完毕后，空军开始汇报空战情况。这时，希特勒中途打断了汇报，重新询问有关新型驱逐机的情况。这个问题几个月以来每过一段时间他就会提及。当希特勒听到一架新型飞机也没有起飞时，他沉默了一会儿，紧咬着嘴唇，然后愤怒地对戈林说："戈林，你的空军不配作为武装部队中的独立兵种。"这句话就像冰雹一样落到了戈林头上。希特勒对待空军元帅简直就是对待小孩一样。

总之，希特勒既不了解战况，也不了解自己的部下。他这种不正常的做法，他这种变态的心理，已经决定了他不可能有效地阻止苏军的进攻，不可能挽回败局。

No.2 树倒猢狲散

当希特勒在孤立无援的时候，他的亲随在干些什么呢？

"元首精神失常了。"

当希特勒神经错乱的脾气发作以后，克里斯蒂安将军急忙赶到在柏林城郊的科勒尔空军司令部，简明扼要地讲述了在地下暗堡里发生的一幕。

"可怕极了，元首歇斯底里地横加指责后，一下子瘫坐在椅子上，好像到了穷途末路似的连说败了、败了。他彻底泄气了，我们怎么办？"克里斯蒂安在等着科勒尔的答复。

科勒尔的第一个念头就是找拟定的帝国元首的合法继承人戈林元帅，让他决定该怎么办。

电话打到贝希斯特加登的戈林指挥部，科勒尔简要的向戈林的副手贝尔恩德·冯·布劳希奇上校通报柏林的情况，告诉他元首不愿意离开柏林，并让他立即请示戈林，大家该如何行动。

"帝国元帅希望你立即到这里来。"布劳希奇转达了戈林的意思，并让科勒尔立即动身。

23 日上午，科勒尔还没有到，戈林已经对昨天发生在柏林暗堡德军最高统帅部的情况有了大概的了解，凡是向他透露消息的人都劝他迅速行动起来，为了德意志的利益，挑起元首这副重担，带领德国全体军民共渡难关。"你有元首正式签署的命令，又不是擅自篡位夺权，你还犹豫什么呢？"几乎所有向他通风报信的人都这么说。

但是他确实拿不定主意。他自知自己在希特勒的心目中，已经不再是过去的那个戈林，他已经从受宠的高层逐渐下跌，已经渐渐走向低谷，尤其是他的死敌鲍曼始终生活在希特勒周围，并从某种程度上直接左右着希特勒的行动，使戈林的形象受到直接的威胁。但令他大惑不解的是鲍曼竟然直接给他发来一封密电，告诉他元首歇斯底里地大发作了一场，可能于近日自杀，要戈林不失时机地行使原应属于他的权力。这封密电无疑在戈林微波渐起的心田里掀起阵阵波澜，但是他实在是把握不准他死敌的用意，仿佛被架在了云雾中，看不清楚眼前的路。

苦思良久，他渐渐悟出来一个道理：这又是鲍曼设下的一个圈套。如果我现在行动，他会把我斥为卖国贼，进而借元首的铁拳把我在地上砸死。如果我不予理睬，一旦危机迭起，他又会指责我在国家利益受到直接危害的紧急关头，不敢承担责任，进而让整个民族辱骂我是懦夫，怕死鬼。他清醒地意识到，自己已经深深陷入进退维谷的艰难境地。中午时分，科勒尔飞抵了贝希特斯加登的上萨尔斯堡别墅，激动地向帝国元帅戈林和纳粹党官员菲利普·布勒述说着希特勒发作的消息，并反映了约德尔等元帅以及将军们的意愿。见到戈林无动于衷，科勒尔激动地站了起来，大声说："不管怎样，你现在应该立即采取行动，果断地接替元首指挥，否则，悔之晚矣。"

戈林一点也不激动，他请科勒尔坐下慢慢计议，然后绕过科勒尔的话题，平静地问："你来的时候希特勒还活着吗？"

"还活着，但是身体已经相当虚弱，行动已经很不方便，就像是一个苟延残喘的病人。"

"他没有指定鲍曼为继承人吗？"

"据我所知，他没有这么做。"

"他有没有这种可能？"

"不会有。"科勒尔略一停顿，然后说："他已经有命令在先，没有意外情况，他是不会违背前约的，否则，德国人会不服从他的委派。"

"你认为柏林还会坚持多长时间？"

"大概可以坚持一周左右。"

戈林不做声了，科勒尔又急忙拉布勒帮他作帝国元帅的工作，布勒的意见和科勒尔基本一致，他认为戈林应该立即采取行动。由于拿不定主意，戈林派人将住在附近的鲍曼的私人助手和上萨尔斯堡党卫军司令员请来，又将帝国总理府国务秘书、法律专家汉斯·拉莫斯请来，他小心翼翼地从保险柜中拿出来一份 1941 年 6 月 29 日希特勒签署的指定戈林为合法继承人地文件，征求拉莫斯的意见。这份命令规定得清清楚楚，如果希特勒死去时，戈林是他的继承人；如果希特勒不能执事时，戈林将代表他行使元首权。

"根据柏林的军事形势和目前元首的身体状况，你认为我可不可以接手政权呢？"戈林向拉莫斯询问着。

"这个我把握不准，也决定不了。"拉莫斯为难地说。

"那么，据你所知，自1941年后，希特勒有没有下达过其他指示，诸如取消我的接班人资格？"戈林小心翼翼地问，因为他明白，他对希特勒的影响已经日益缩小。

"没有。"拉莫斯肯定地说，"假如元首下达了什么其他的指示，我肯定会知道。"他站了起来，倒背着手在戈林的身边转了几步，接着说："关于你的这项法令具有法律效力，如果没有意外情况，是不需要也不会再次颁布的。"经过短暂的沉默，大家一致认为既然希特勒留在柏林等死，在最后的关键时刻不能亲自与各个军事指挥部和政府机构联系，就应该视为不能视事，戈林就应该根据其命令明确地负责接管工作。

戈林还是谨小慎微地不敢表态。拉莫斯建议他致电元首，询问希特勒是否允许戈林作为他的代表，接管他指挥整个国家作战。大家都赞成这个建议。戈林立即指示他的副手布劳希奇上校和科勒尔每人起草一份电报，经过比较，戈林选择了布劳希奇写的那份：

我的元首：

鉴于您已经决定留守在柏林城堡里，请问您是否同意我根据您1941年6月29日的命令，马上接替帝国的全部指挥权？

戈林把电报重读了两遍，觉得还是缺点什么。他马上想到了不仅需要军事指挥权，还需要有处理国外事务的权力，以便立即和盟国举行和谈，便提起笔紧接着布劳希奇的电报写道：

并拥有处理国内外事务的全权。

他觉得还不行："假如他不予理睬怎么办？我们应该定个时限，超过这个时限我们就有权采取行动。"

"可以给他8个小时的考虑时间。"科勒尔建议道。

戈林接着在电报上写道：

如果到22点还没有从您那儿得到回音，我将认为您已经失去了行动自由，并且认为您的命令仍然具有法律效力。我将为了国家和人民的最大利益采取行动。

戈林停下笔，略微考虑了一下，接着写道：

您应该理解我在这最困难的时刻对您的感情，我无法用语言来表达它。愿上帝保佑您，无论如何，祝您早日成功。

您的忠诚的　赫尔曼·戈林

他的手有些微微发抖，从头到尾认真读过一遍以后，他把电报交给每个人过目，看大家有没有什么意见。在报头签上绝密加急字样，指示立即发出，而后，对大家说：

"如果在晚上10点得不到答复，就立即发表告武装部队书、告人民书等一系列文件，马上停止战争，转入和谈。"

他万万想不到，等待他的既不是元首的同意，更不是元首的沉默，而是对他的彻底罢免。

他的电报刚刚发到柏林地下暗堡，就收到了鲍曼直接起草的电报：

你的行动是背叛元首和国家社会主义。叛变应该受到死的处罚。但是，鉴于你过去为党效劳，如果你辞去一切职务，元首将免去你的死罪。请回答是否同意。

这封电报完全出乎戈林的预料，他一下子瘫坐在椅子上，苦思冥想着应付的措施。还没有等他缓过神来，希特勒的第二封电报又到了：

41-6-29法令已经废除。我的行动完全自由。我禁止做你打算做的事情。

紧接着，戈林又收到希特勒的第三封电报：

你以为我不能自主的假设是完全错误的，不知这个可笑的想法出在何处。我要求及时地坚决地辟谣。我将在以后必要的时候，及时地坚决地把权力交给我认为称职的人。直到现在为止，我是领导。

更出乎意料的是，它还没有给希特勒以任何答复，鲍曼就通过电台秘密通知上萨尔斯堡党卫队司令，以叛国罪将他逮捕了。

柏林。地下暗堡。虽然一连给戈林发了三份电报，但是希特勒仍然怒不可遏，不停地咒骂着："叛徒！""可耻！""没有人格！""大逆不道！"鲍曼也不失时机地添油加醋，终于将他的情绪引到了难以忍受的最高峰。他"嚓嚓"几下把戈林的电报撕个粉碎，而后瞪着血丝纵横、黯淡无光的双眼，沙哑着嗓子怒吼道："立即解散戈林的私人卫队！立即烧毁戈林的一切档案！"

他不知道鲍曼已经背着他下令逮捕了戈林，环视了四周，补充道："立即把这个可耻的叛徒关到监狱里去！把他关到监狱里去！"

歇斯底里的发作之后，希特勒走进他的卧室，瘫软地倒在床上。

也难怪希特勒过于悲伤，这几天发生的一切对于他来说都太突然了。抛开苏军大军压境不谈，仅他集团内部发生的几件事情就让他受不了：先是古德里安公开反对希特勒并不怕解职；后是海因里希公开反抗，进而下达模棱两可的命令；再就是文克违抗命令，不肯按照统帅部指令行事；现在又冒出来一个戈林——他指定的继承人——公开反叛，他怎么承受得了？

▲ 曾经不可一世的戈林，一度被希特勒视为接班人，但是他迫不及待抢班夺权的野心导致他最终被希特勒遗弃。

▲ 戈林和他的妻子、女儿在一起。

戈林是在监狱里，不过这座监狱是在他的家中临时设立的。

贝希特斯加登的党卫军司令接到鲍曼的密电后，立即把戈林及其家属一起囚禁在他的家中。至此，戈林才意识到结局不像他自己预料的那么好，尤其是一连接到希特勒三份电报后，他觉得事态的发展已经走向预期的反面，据说科勒尔将军也已经被捕，理由是他已经给戈林准备好了飞往巴黎的飞机，罪名同样是叛国罪。他不知道还有谁因此而受到牵连，更不知道希特勒会怎样处置他，但是他坚信一点，即凶多吉少，很大程度上会被枪毙。

昨天夜里，原来为他服务的党卫队的一个他叫不上名字的士兵把一支只有一发子弹的手枪放在戈林的床头柜上，并诚恳地请戈林原谅，他说他只是在执行上级的命令。戈林鄙夷地把手枪推到一边，一面高喊："我不自杀。我要对我所做的一切负责。德国必须被拯救。"一面连声高骂柏林一伙都是疯子，是民族的罪人，尤其大骂鲍曼是无耻小人，假公济私，是将希特勒推向对人民犯罪耻辱台的助手。

但是愤怒归愤怒，辱骂归辱骂，这一切都是无济于事的。因此，当几位党卫队军官当着戈林的夫人和侍从长的面，劝说戈林在一份宣称自己因身体不适而主动辞去一切职务的文件上签字时，戈林奋起反抗，但当党卫队军官急速地掏出手枪，并把击柄扳到待发状态，把枪口指向他的脑袋时，他一声不吭了，愤怒渐渐被虚汗所代替，随即他掏出自己的笔，连看都没有看一眼，就在党卫军官指定的位置，草草地写上了自己的名字。

党卫军官拿着文件满意地走了，戈林的夫人悄悄地收走了放在床头柜上的手枪，默默地退出了子弹，并把它放在手中轻轻地抚弄着，不知不觉中，她的眼中满是泪水。她极力地控制自己，努力不让自己的泪水流出，不让哭声发作。但是她实在做不到，转而扑到戈林怀中，失声痛哭起来。

她是够伤心的。曾几何时，她随着夫君飞黄腾达，她也晋升为帝国元帅的太太，未来元首的夫人，但是谁知好景不长，还没有等她在元首夫人的宝座上享享福，等待她的是一跌千丈，走向死亡。

她越想越是伤心，泪雨一倾难抑，两肩急促地抽搐颤抖着，一句话也说不出来。

望着夫人痛哭的样子，戈林很想说几句宽慰的话，但他却一时找不到合适的语言，只是紧紧地抱住夫人，忍不住潸然泪下。这时候，一阵飞机的轰鸣由远及近，侍卫长赶快拉开痛哭的戈林夫妇，强迫他们立即钻进屋子底层的防空洞。

深夜，几辆小汽车打着昏暗的车灯疾驰在汉堡通往卢贝克的公路上。尽管星稀月暗，路无行人，但小车一律挡着窗帘，好像要挡住什么秘密似的。进入市区，小车又东绕西拐，最后在艾因堡大街公园旁边的一幢小楼停下。希姆莱和舍伦贝格先后从前后车中走了出来，嘀嘀咕咕的不知道说了些什么，在几名党卫军官的簇拥下走进小楼。

这是瑞典驻德港口城市的领事馆。希姆莱一行的目的是请瑞典的伯纳多特伯爵从中斡旋德国和英美等西方国家的关系，以德国向盟军投降来保住德国的最后一点领土。

这是德国人为停战事宜和瑞典人进行的最后一次交涉了。希姆莱此行的目的虽然没有和希特勒、戈林磋商，但是应该说三者都有此意，所不同的是一个死要面子，不肯公开出头，另外两个互相戒备，暗做工作，互相隐瞒，各自寻求渠道以抢头功。

伯纳多特在门口迎接他们。刚想把他们领向点着蜡烛的房间，外面就传来了空袭警报，伯纳多特提议进入防空洞商谈，希姆莱犹豫了一下，转身和伯爵等朝屋外走去。

防空洞实际上就是一个大地窖，所不同的是里面除了存放了一些生活用品之外，加了几张桌椅。伯纳多特点燃几支蜡烛后，不满地说："战争确实该结束了，否则我们都不得安宁。"他拿出几瓶汽水，放在每人面前，严肃地请希姆莱谈他们的打算。

"你说得对，战争是该结束了，否则我们都不得安生。但是关键的问题是如何结束。"希姆莱拿起汽水喝了一口，然后说：

　　"从目前的情况看，我必须承认德国战败了，但是德国还没有到山穷水尽的地步，她还有一大片领土，还有那么多的人民，我有责任把她保留下来，以免遭到苏联人的蹂躏。作为一名军人，战败、投降都是不光彩的事，但是我们又都必须面对这一事实。坦率地说，我曾经向我们的元首发过誓，誓死捍卫祖国，但是目前我们没有这个能力，我们元首也没有这个能力，此时，他可能已经死在柏林。在这种情况下，我只好违背自己的誓言，为了德国人的利益，而选择投降这条很不愿意走的路。"

　　他停了下来，两只手不停地摆弄着汽水瓶，头无力地低下，眼睛黯淡无神地看着手中的汽水瓶，看得出来，他是很痛苦的。不仅仅是他，他周围的人都显得很痛苦，空气也仿佛随之痛苦地凝滞。大家谁也不说话，谁也不看谁，都无力地低垂着头，就好像是为谁致哀一样。

　　不知道过了多长时间，看希姆莱难受得说不出话来，伯纳多特打破了沉闷的气氛，他同情地看着希姆莱说：

　　"我非常理解诸位的心情，我也非常愿意帮助贵国做些工作，但是由于本人人微言轻，有些事情恐怕难以完全如意，不当之处，还请诸位多多谅解。"

　　希姆莱抬起头，好像是看到一线希望似的，把目光集中在伯纳多特身上。他知道伯纳多特在瑞典是很有声望的外交家，在英美等国也很有影响，只要他出面斡旋，英美等国是会认真考虑的。但是他不知道，正当伯纳多特帮他上下活动，艾森豪威尔和丘吉尔都表示愿意接受德国投降时，斯大林发现了他们的企图，并正式对盟国的这种行为提出了强烈抗议。鉴于苏联的压力，英美等盟国不得不改变了单方面接受德国投降的动议，伯纳多特也就不敢大包大揽，不留余地。他轻轻地看了看希姆莱，请他谈谈具体想法。

　　在摇曳的烛光的映照下，希姆莱显得十分憔悴，无精打采。稍加思索，他告诉伯纳多特："请伯爵设法让美英等国停止西线的攻击，允许德国把西线的部队调往东线和布尔什维克作最后的斗争，而后，我们向盟国投降，不知伯爵是否同意我们的想法？"

　　伯纳多特不急于表态，他冷静地问："万一乞降被拒绝的话，您准备怎么办？"

　　"如果是那样，我将担任东线的总指挥，尽最大力量与苏联人周旋，决一死战，直到我战死沙场。"希姆莱果断地回答。他不相信盟军会拒绝投降，因为他已经截获电报，知道了丘吉尔对蒙哥马利的指示：要仔细收集和注意存放好德军武器，以便于日后顺利地再发给我们必须与之合作的德国士兵……英国首相已经有意，别的国家的工作就好做了。他还相信，关键时刻英国人会为了自身利益而主动帮助德国人说话。

　　"请相信我会通过我的国家去帮助贵国周旋，但是也请诸位做好两手准备。"伯纳多特刚要送希姆莱一行出洞，就在不远处传来了飞机的轰炸声……

希特勒要见戈培尔。

此时，戈培尔正在自己家中，他听到希特勒在军事会议上的反常表现之后，感到了悲哀，他又清醒地意识到属于元首的时间已经不多了，他决定要陪同他的长官走到最后一站。

他急忙提起随身携带的公文包，叫着司机准备出发，但是一想到此别可能再也难和妻子儿女见面，便又走回来和他们一一吻别，并深情脉脉地叮嘱他们多加保重，而后毅然离去。

刚刚出门，警卫通知他元首邀请他和妻子以及6个孩子同去。

"元首说他很想见见马格达和孩子们。"警卫平静地告诉戈培尔。

戈培尔一怔，他立即明白了这预示着什么意思。他冷静地将整个消息告诉了他的妻子，并征求她的意见。

稍一犹豫之后，马格达果断地决定带孩子随丈夫同去。她轻轻地擦掉眼角的泪花，吩咐保姆们给孩子换上衣服，准备去见元首，而后急急忙忙地准备简便行装。

听说要去见元首，孩子们高兴极了，他们互相猜测着阿道夫叔叔可能会送给他们什么礼物，一点也没有注意到父母的神情。他们先后缠住妈妈，问可不可以从元首处将东西带走，却丝毫没有意识到阿道夫·希特勒可能送给他们的是死亡。

看看戈培尔还没有来，希特勒让奥托·根舍少校把他的高级副官尤利乌斯·夏勃上校请来，指示他立即清理希特勒的私人文件。除留下些希特勒认为该保留的外，其余的统统烧掉。夏勃回来时候意外地发现希特勒正在玩弄着刚从保险柜里取出来的大瓦瑟枪，给人一种即将要自杀的感觉。恰恰就在这时，戈培尔以及全家到了。仿佛在深水中抓到一块木筏，希特勒极为惊喜，他亲切地和戈培尔全家打招呼，欣然接受了戈培尔"不要走向自我毁灭"的劝说，而后命令他的宣传部长利用柏林的电台告诉全体人民："元首在柏林，而且将同他的部队一起为保卫首都血战到底。"他同时命令，西线部队全部撤回柏林，保卫首都。

为了减轻疲劳，希特勒走进卧室同他的两个年轻漂亮的女秘书以及爱娃一起喝茶，他命令她们三人一起乘飞机逃走。他说：

"姑娘们，形势的发展已经毫无希望了，你们必须立即离开这儿，否则后果不堪设想。"

姑娘们哭了，她们坚决地要求留下，以自己的生命陪伴元首直到最后。元首激动得找不到合适的言语，只是轻声说："要是我们的将军们能像我们的妇女们一样勇敢那该多好啊。"说完，他轻轻地拉住两位女秘书的手，又轻轻地吻了吻爱娃，老泪纵横，一句话也说不出来。

戈培尔深知自己的命运。他比希特勒更狠心，他要他的6个孩子随他一起自杀，他连自己的孩子都不让苏军带去。戈培尔的夫人自然也知道并同意这件事，可是她毕竟是一位

▲ 纳粹喉舌戈培尔与他漂亮的妻子出席一个集会时的情景。

母亲，想到那撕心裂肺的一幕，她实在控制不住自己了，一转身离开了屋子。戈培尔虽然是双手沾满鲜血的，但是无论如何对自己的孩子下不了手。他想到了刚来到地下室的女飞行员汉娜。

戈培尔夫人把汉娜叫出来，几近乞求地说："我亲爱的汉娜，你应该帮助我让孩子们离开世界。他们属于第三帝国和元首。如果第三帝国和元首不复存在，他们活着就没有意义了。但是，请你帮助我，我最担心的是自己最后时刻表现软弱。"

汉娜答应帮助他们，因为她也是准备吞下氰化钾胶囊的队伍中的一员。但是她不想急于了结孩子们的性命，她想让他们再保持一会儿最后的欢乐。汉娜把孩子们召集在一起，给他们讲试航的故事，教他们唱歌。这些天真幼稚的孩子哪里知道父辈眼前的痛楚与绝望，他们还把学到的歌唱给元首叔叔，元首叔叔拍拍他们的小脸蛋保证道：苏联人即将被击退，你们可以重新回到花园里玩耍。

No.3 最后的午餐

希特勒是没法入睡的。此时他正呆呆地坐在他那深入地下 17 米、外墙厚 2 米、顶部覆盖着 9 米厚的泥土的地下暗堡里。自 1945 年 1 月 16 日美国空军第 8 师以千架飞机轰炸柏林时希特勒进入这个暗堡以来，他除了在 2 月 25 日去城外参加一次纳粹党领袖的秘密会议和 3 月 15 日去东线转了一圈外，已经在这里生活了 90 天。他很想带着他那心爱的法国阿尔萨斯种名狗勃隆狄到他那总理府花园去散散步，但是负责他近身警卫的赫尔姆特·皮尔曼上尉都以种种理由阻止了他。他并不怕死，第一次世界大战期间，他还在前线步兵团当传令兵时就获得过一枚铁十字勋章。他害怕的是命运可能剥夺他离开人世时作出合适安排的机会。

暗堡的内部是阴森凄凉的。尽管有他最宠爱的情妇爱娃·布劳恩和大批随从恭维着他，但希特勒还是感到一切都是那样的寂寥。明天就是他 56 周岁的生日了，他不愿意再听到关于苏军进攻情况的报告和种种不利于他的决心的建议，只想静下心来好好想点什么，他将了捋引以为豪的胡须，一间又一间地巡视着他那地下领地。房顶很矮，走廊犹如地窖的狭窄过道一般使他感到一种前所未有的压抑，豆大的水珠不时地从几处斑驳破裂的水泥中渗出滴下，使他感到一种深深的厌恶。32 间拥挤不堪的房间，有好几个被漆成战列舰般的灰色，使阴森的地下增添了几分冷酷。他无心再转，掉过头来走进位于西南角上的属于他的三个房间。这是暗堡 32 个房间当中较大的 3 个，每间 4.6 米长，3 米宽。附有抽水马桶和淋浴喷头。他先走进了最靠边的卧室，望着那仅有的一张单人床，一个床头柜和一张梳妆台，呆呆地愣了会儿神，而后轻轻地叹了口气，走进了隔壁的起居室。这里同样简陋，仅有一把躺椅，一个咖啡茶几和一把椅子。他想坐下休息一下，却不知道怎么感到十分烦恼，狠狠地摔了一下椅子，怒冲冲地走出了房门，又狠狠地把门关上。

沉重的摔门声惊醒了隔壁的爱娃。她用手拢了拢蓬松的淡黄的头发，温柔地挽起了希特勒的手臂，望着希特勒疲惫的神态，她的脸上挂满了哀伤，眼泪悄悄地爬上了眼眶，她又急忙把它忍住。她一句话也说不出来，只是紧紧地把希特勒的左手拉向自己的怀里，暗下决心要永远陪伴着他，直到生命的最后一息。

对于爱娃的爱抚，希特勒似乎毫无反应，他推开办公室的门，直奔西墙，默默地站在一幅油画前，久久地凝视着。

最近几周里，希特勒的健康每况愈下，昔日那种湛蓝颜色、炯炯有神的目光已经渐渐被呆滞取代，眼球深陷且充满血丝褐色的头发仿佛一夜之间变得灰白。他再也站不直了，走起路来不但抬不起脚，而且有一条腿总在后面拖着。他的双手颤抖得越来越厉害，左手需要右手的扶持才能摸到胸前，站立的时候常常需要用腿紧靠桌边才能支撑住，躺下来时不得不靠贴身侍卫林格帮他把脚抬到睡椅上才能躺平。他已经失去了昔日的威严，使暗堡里的人不大相信他还是帝国的元首。

爱娃搬来两把椅子，扶希特勒坐下后，紧倚着他靠在油画前。爱娃知道，这幅由著名的油画家安东·格拉夫所画的普鲁士腓特烈大帝的画像，是希特勒1934年在慕尼黑用巨款买的，而后就装在一个特制的木板条箱中随希特勒南北征战，形影不离。

希特勒似乎忘记了爱娃的存在，他手托下巴，带上金丝眼镜，一动不动地凝视着画像上的国王，而国王好像也在凝视他。爱娃只知道元首非常崇拜腓特烈二世，却不知道此时希特勒的处境和这个普鲁士的统帅有几分相似。

希特勒知道，这个普鲁士的国王代表的是普鲁士容克地主的利益，推行的是国内的强制专制和对邻国的侵略政策。他的侵略野心多次造成了欧洲的紧张局势。第一次、第二次西里西亚战争期间，他从奥地利手中攫取了西里西亚的大部分土地，与英国结盟后，又发动了1756—1763年的7年战争，虽然接连打败奥、法军队，却没有想到在战争即将结束时，由于俄军的勇猛攻击而使他被困在西里西亚的布雷斯劳城中已经大半被毁的宫殿里，他的首都柏林也被俄国人包围并且攻占，但是没有想到眼看死亡在即，敌国的联盟却突然扭转了方向，腓特烈才得以免于彻底覆灭。而今天，希特勒不仅仅是买下了腓特烈的画像，更是继承了腓特烈的思想，换来了兵临城下的另一种危机局势。

"腓特烈得救了，我的命运该如何呢？"望着腓特烈二世威武不屈的形象，希特勒陷入了沉思，一任爱娃帮他拉平灰色制服短上衣的下摆，弹去黑裤子上的灰尘，只是将双手脱离下巴，用颤抖着的双手紧紧地握住那枚他在第一次世界大战获得的、始终随身佩戴的铁十字勋章。

　　可以说，希特勒的感情是真实的，他至少愿意与柏林共存亡。他时而信心百倍，时而沮丧绝望。他甚至在这个时候还相信柏林能够得救。他虽然表示愿与柏林共命运，但是，仍然认为帝国的首都不会和他的元首一起灭亡。他把自己看作是智慧女神雅典娜和图腾的化身，只要他在，任何时候都能逢凶化吉。希特勒曾经对凯特尔说："如果我离开东普鲁士，东普鲁士就会陷落，而如果我要是留下，它就会保住。"凯特尔曾劝他离开东普鲁士，果然，东普鲁士就失守了。

　　现在，当他坚守在抵抗力量越来越弱的柏林时，他仍然自欺欺人地认为，假如他不离开柏林，柏林就不会灭亡。

　　幻想终于被事实粉碎了。4月28日，苏联人民已经靠近市中心，歇斯底里的电报一封接一封地从地下室发出。"我期待着柏林解救。"希特勒致电凯特尔，"海因里希的部队在干什么？文克在哪里？第9集团军出了什么事？文克何时才能同第9集团军会师？"地下室的人整天盼着消息，但是，纷至沓来的不是消息，而是谣传。

　　如何解释文克的无能？其实很明白，正确的解释应该是，文克的部队早已经不存在了。但是，在地下室充满矛盾的叫喊声中，即使是板上钉钉的事，也无人相信。在那里只有一种解释，即不管发生什么事情，结论都是一样：背叛。

　　在这一天中，这种解释似乎越来越有根据，同外界的联系已经更加困难，唯一的联系途径是最高统帅部的无线电话。可是，凯特尔还靠得住吗？鲍曼于当晚九时发出一封求救电报，电报清楚地反映了地下室的情况，电报直接发给慕尼黑的冯·普特卡莫尔将军，再由他转呈邓尼茨。

　　电报说："当权者不用命令和号召来鼓舞部队解我们之围，而是保持沉默，忠诚似乎让位于背叛！我们仍在这里，帝国总理府已经成为一片废墟。"

　　一个小时以后，一个确切的消息终于从外部传到了地下室，这一消息是由新闻局的一名工作人员从宣传部带来的，此人的任务是抄送和翻译重要的国外消息，然后送交元首。他叫海因茨·罗伦次，送来的是有关希姆莱与敌人谈判的消息。

　　听到这个消息，希特勒登时勃然大怒。这是他所受到的最厉害的打击。"忠诚的海因里希"这位唯一不受任何怀疑的纳粹党领袖背叛了他，从背后捅了他一刀。

此时，希特勒已经意识到，希姆莱的背叛为他敲响了警钟，在此之前，他曾经犹豫不决，他动摇过，也期待过，后来，他作出了决定，一经决定就不可更改，任何压力、任何劝说都不能动摇他的决心。

此后，他又用约有一周的时间才决定了此余生。现在，已经到了实行这一决定的时候了。

4月28日到29日夜，他终于取消了希姆莱的继承权，写了他最后的遗言，并同爱娃·布劳恩完婚。

午夜刚过，希特勒来到格莱姆的房间，向他下达最后的命令。希特勒脸色苍白，坐在床边，向他说明使命的双重意义：第一，必须出动空军，轰炸有可能向总理府发起进攻的苏军阵地；第二，必须逮捕叛徒希姆莱——当希特勒开始提到这个名字时，双手发抖，声音变得含混不清。

他尖声叫道："决不允许一个卖国贼继承我成为国家元首，你们必须飞出去，设法使他不能继承我。"

格莱姆和汉娜·莱契像来时一样，冒着生命危险飞出了柏林。

后来，汉娜·莱契在她的书中回忆说：

"飞机犹如一根羽毛，被轰炸的气浪抛上抛下，他们终于飞到了7000米高空，向下望去，柏林犹如一片火海……"

希特勒送走格莱姆之后，立即转向下一件事情，与爱娃·布劳恩完婚。戈培尔找来一位名叫瓦格纳的人来主持这个象征性的仪式。

此人是市政府议员，由于他是财政部门的高级官员，因此，他被看作是主持这一民事仪式的合适人选。

结婚仪式在元首的小会议室里举行。参加者除了希特勒、布劳恩、瓦格纳之外，还有证婚人戈培尔和鲍曼。仪式十分简单，双方宣布，他们是纯雅利安人，没有遗传病症。由于当时的军事形势和非常状态，他们决定只作口头仪式，双方即表示了同意。婚礼完毕，新郎新娘走出了会议室。

经过这么多年之后，爱娃·布劳恩的地位终于得到了确认，她过去的那种双重地位已经结束了。第二天，她对某个勤杂人员说："从今以后，你应该称呼我为希特勒夫人了。"

是什么原因促使希特勒举行这种候补仪式不得而知。但是，如果说结婚完全是由于爱娃·布劳恩的意愿也不无道理。她长期不明不白的地位使她不安，她早就希望希特勒这么做，但是希特勒不愿意这么做。当末日来临时，他并不希望它来。

当她4月15日来到柏林之后，希特勒曾准备把她送走，但是，她没有走，这样，她就得到了应有的报答。

希特勒曾经说，只有她会忠诚地陪伴他，她没有使他失望，由于其他人的相继背叛，因此，她的忠诚就更加突出。

婚礼过后，希特勒又开始处理这个热闹的夜晚中使他忧虑的各种事。他向秘书荣格夫人口述了两份文件，即他的政治遗嘱和私人遗嘱。他们将成为对后代的最后呼吁。

这就是这两份文件的目的，因此令人特别感兴趣。在这份作为致后代的文件而考虑的纳粹运动的最后宣言中，除了那些陈词滥调，如毫无意义的破坏性的军国主义，替自己开脱的对失败的抱怨外，没有任何新的东西。

政治遗嘱分两部分，第一部分是总论，第二部分是专论。

说我或其他任何德国人在 1939 年要战争是不真实的，需要和煽动战争的，完全是那些犹太血统的国际政客们……

这 6 年的战争尽管遭受了种种挫折，但终究有一天会被认为是一个民族争取生存的最光荣、最勇敢的表现而载入史册。我不能离开这个城市，因为它是帝国的首都，我要与这儿的人民共生死……

此外，我不乐意落入敌人手里，他们正需要由犹太人导演一场新戏，来取悦歇斯底里的群众……

因此，我决定留在柏林。在我认为总理职务不能继续下去时，我愿意以身殉国

接下去，是向纳粹所信任的武装力量告别，并旁敲侧击的指责那些无能的兵种：

"希望德国军队将来像我们的海军一样，决不放弃一城一池，尤为重要的是，指挥官们至死也要忠诚地恪尽职守……"

遗嘱下一部分涉及一些具体的问题。第二部分与第一部分一样，仍然是一连串的反控和否定。

"我去世前，我将前帝国元帅戈林开除出党，并剥夺 1941 年 6 月 29 日的命令和 1939 年 9 月 1 日我在国会讲话时授予他的一切权力。我任命海军元帅邓尼茨为最高武装统帅和德国总统。"

下面一段大体与上面一段相似，文中涉及另一个叛徒：

"在我去世前，我将前党卫队总队长兼内政部长希姆莱开除出党，并解除他的一切国家职务……"

在清算了卖国贼和指定了新的继承人之后，希特勒又指定政府接受以下任务：

"要交给德国人民一个由有声望的人士组成的政府，他应该采取一切手段，把这场战

争进行下去。"命令末尾说，纳粹党员有责任"严格遵守种族法，无情地打击世界人民的毒害者——犹太人"。

希特勒的私人遗嘱较短，内容也很平凡，它既不是革命天才人物的遗嘱，也不是破坏天使的遗嘱，而完全是德国小市民的遗嘱。他解释了他的婚姻，处理了他的财产，并宣布他将自杀。

"我的所有财物——不论其价值多少——都属于党，如果党不存在了，就归国家，如果国家也灭亡了，那我就不需要再说什么了。""我这些年收集的绘画从未打算私藏，而全是为了在我的故乡扩建画廊而用。""我衷心希望，我的遗体在我为我的人民服务12年来进行大部分日常工作的地方立即火化。"

凌晨四时，两份遗嘱已经签名，为了使这两份对后世极为重要的遗嘱不致遗失和转交方便，又将他们一式打了三份，希特勒在这两个遗嘱上签了名之后，戈培尔、鲍曼、克雷布斯和布格道夫以见证人的身份也在遗嘱上签了名。作为私人遗嘱的见证人在上面签字的有戈培尔、鲍曼和最后8年中与希特勒形影不离的空军副官科拉·冯·贝洛上校。

希特勒已经开始准备自杀。据这一天外界传来的最新消息称，墨索里尼已经一命呜呼了。这位法西斯的先驱和希特勒的同党，在欧洲推向独裁统治方面是希特勒的楷模。他在各个阶段的起步和失败也早于希特勒。如今，他以自己独特的方式勾画了一个失败暴君的必然命运。墨索里尼及其情人克拉拉·佩塔奇已经在意大利北部被捕并被秘密处决。他们的尸体被倒挂在米兰广场上，不断遭到复仇者的抽打和石块的投击。如果希特勒和爱娃知道这些细节的话，那么他们一定会重申已经下达的命令，"不留任何残迹"，彻底消灭他们的尸体。希特勒曾经说过：

"此外，我不愿意落到别人手里，他们正需要由犹太人表演一场新戏，来取悦歇斯底里的群众。"他明白，一旦自己的尸体被别人发现，他将会遭受何种命运。

下午，希特勒的外科医生哈泽教授来到地下城堡，希特勒让哈泽毒死了他的爱犬勃隆狄。另外两只家犬是由原来照料他们的上士开枪打死的。希特勒又给他的两位女秘书分发了毒药，以便在紧急情况下服用。他说，非常遗憾，他不能送更好的礼物。他表扬了她们的精神，并补充说，希望将军们能够像她们一样忠诚可靠。

晚上，当其他人在元首堡垒的通道的公共餐厅吃饭时，一名党卫军警卫来通知，元首要向女士们告别，在没有接到命令之前任何人不许上床睡觉。大约凌晨两点半钟，20多名军官和妇女接到电话命令，立即到通道集合。人到齐后，希特勒在鲍曼的陪同下，从自己的房间出来，他神情恍惚，以致在场的有些人认为他吸了毒品。

第七章 ┃ 穷途末日 狂魔低头 >>

希特勒沿着通道默默走来，与所有的妇女一一握手，有的人向他说些什么，但是他要么不作答，要么喃喃自语，谁也听不清他到底说了些什么。

希特勒走后，告别仪式的参加者在原地讨论这一反常事件的含义。他们一致认为，只有一种可能，即元首将自戕。这位一下命令就让人不寒而栗的法师，令人惶惶不可终日的暴君终于要离开人世了。总理府士兵和传令兵的餐厅正在举行舞会。尽管元首堡垒传来命令，要他们保持安静，但是舞会并没有因此而中断。一位原先在总理府大本营工作过，后来和其他人一起在总理府被捕的裁缝对此感到极为震惊，国家保安局局长少将拉滕胡贝尔居然还客气地拍了拍他的肩膀，并且毫无架子的向他打招呼问候。

地堡里有森严的管理制度，这位裁缝感到茫然，觉得自己现在好像成了高级军官似的。后来他说："这是我第一次听到某个高级军官向我说晚安，我觉得气氛全变了。"后来他从一位同事那里了解到这种突变的原因：希特勒的告别仪式已经结束，现在正准备自杀。

希特勒与爱娃在地下暗堡里，▶
此时他的健康状况每况愈下。

这天下午的晚些时候，当新的一天工作开始后，各位将军像往常一样带着各自的战报来到地下暗堡。总理府卫队长蒙恩克少将报告说，局势略有好转，西西里亚火车站已经从苏军手中夺回，然而总的军事发展仍然没有什么变化。

中午，形势越发不妙，有消息说：弗里德里大街的地铁隧道已经落入了苏军手中，总理府附近的优斯大街地铁被部分占领。动物园全区失守，苏军已经越过波茨坦广场和魏登坦大桥。希特勒不动声色地听完这些报告，他大约两点钟才吃午饭。爱娃没有和他一起吃，也许她觉得不饿，但是也可能和往常一样单独在自己的房间里吃。如果爱娃不在，希特勒总是和他的两个女秘书和女厨师一起就餐。饭桌上的谈话并无不同之处，希特勒镇静自若，

—137—

没有提及他的打算，虽然他已经为即将举行的仪式做好了准备。

这天早上，卫兵们接到命令去领取全天的食品，因为地下暗堡的走廊将禁止通行。中午，希特勒的党卫队副官京舍少校命令运输队长肯普卡少校立即送 200 公升汽油到总理府去。肯普卡表示不容易一下子弄到这么多。然而得到的答复是，必须弄到这么多。后来他终于搞到约 180 公升。并派四个人把汽油桶立即送进花园，放在地堡紧急出口处。一位保安局官员看到了这件事并要求对此事作出解释。他们说，这是通风设备用油，而在场的卫兵说："胡说八道，通风设备用的是柴油。"这时希特勒的侍卫官海因茨·林格来到这里，他对这个士兵耳语了几句，于是这场争吵便告结束，那四个人也被打发回去了。不久，所有的卫兵接到命令，立即离开总理府并不准再来。显然，人们不想让某些偶然的目击者将来成为这首终曲的见证人。希特勒吃罢午餐辞退客人后，又单独一个人静坐了片刻，然后在爱娃·布劳恩的陪同下走出自己的房间去参加另一个告别仪式。参加这个告别仪式的有鲍曼、戈培尔、克雷布斯、布格道夫、哈韦尔、瑙曼、优斯、京舍、林格以及四位妇女等人。戈培尔夫人没有在场，由于她的孩子也将一起死去，因此她难以克制自己，这一天她都在自己的房间里，哪里也没有去过。

希特勒和爱娃同大家握手告别之后回到自己的寝室，其他人也都被送走了，只有几名高级牧师和几名必不可少的值班人员在通道里。

这时，希特勒的房间响了一枪。

过了片刻，他们走进房间，希特勒躺在沙发上，沙发上都是血。他向嘴里开了一枪。爱娃·布劳恩也死在沙发上，她的身旁有一支手枪，但是她没有用过，她是服毒自杀的。这个时候是下午三点半。

少时，希特勒青年团的领袖阿图尔·阿克斯曼来到地堡，他没有赶上告别仪式，但被允许进入希特勒的房间。他检查完尸体后与戈培尔交谈了几分钟。戈培尔走后，他又在尸体旁边站立了片刻。元首起居室外，人们正在准备另一个仪式：维京式葬礼。

肯普卡让人把汽油送进总理府花园后，便从连接赫尔曼·戈林大街和总理府大楼的地下隧道来到地下暗堡。京舍告诉他："头头已经去世。"这时希特勒的房门被打开，肯普卡也成了葬礼的参加者。

阿克斯曼站在尸体旁边沉思着，这时有两名党卫队员走进房间，其中一人是希特勒的侍从林格。为了掩盖希特勒血肉模糊的头部，他们把尸体包在一条毯子上，然后抬出走廊，走廊里的人们从露在毯子外面的黑裤腿不难看出，那就是希特勒。尸体转而由另外两名队员抬往通向紧急出口的楼梯处，然后抬进花园。接着鲍曼走进房间，抱起爱娃·布劳恩的

▲ 希特勒最后一次从地下堡垒出来透风。

尸体走出房间，在走廊里把尸体交给肯普卡，肯普卡又把尸体抱到楼梯口，京舍在楼梯口接过尸体，走出楼梯，抱进花园。从堡垒通向总理府的另一扇门和从总理府通向花园的所有其他门，都已经根据特别安全措施关闭了，以防外人闯入。

遗憾的是，世界上并没有万无一失的措施，这一完善措施的直接后果反而使两名局外人无意中成了这一时间的目击者。

保安局的埃里希·曼斯菲尔德正巧在堡垒一角的混凝土瞭望塔内值班，他突然发现眼前有人影晃动，花园的门被关上，于是他下塔来到花园查看紧急出口究竟发生了什么。他认为前去检查是他应尽的义务，除此之外没有别的目的。他走到紧急出口处门旁正巧遇上从里面走出来的送葬队伍。首先出来的是两名抬尸体的党卫军军官，尸体裹在一条毛毯里，毯子外露着两条穿黑裤子的腿。跟着后面的那位党卫军军官抬的无疑是爱娃·布劳恩的尸体。随后出来的送葬者有：鲍曼、布格道夫、戈培尔、京舍和肯普卡。京舍发现曼斯菲尔德之后，立即冲着他大声喊道："立即离开！"曼斯菲尔德又回到了瞭望塔上，可是他却观看了这禁止外人观看的有趣一幕。

这出戏的另一个目击者也是保安局的人。人们不想让他成为见证人，然而他却偶然出现在这副图画之中。他叫赫尔曼·卡瑙，当时，他并不值班，而是和其他人一样，按照党卫军外勤卫队的一名军官的命令离开了地堡，去了总理府餐厅。不久，他不顾命令又返回了堡垒。走到地下堡垒入口处，他发现门已经被锁上，于是转身向花园走去，企图从紧急出口处进入地堡。当他走到曼斯菲尔德值班的瞭望塔旁边拐弯时，他意外地看到了在紧急出口处的两具尸体，几乎就在同时，尸体上升起大火，像是自燃，卡瑙不知道突然着火的原因，他没有看到任何人，但是认为燃烧绝不是敌方炮火引起的。因为他站得地方离尸体不远。他猜测"可能有人从拱形门内扔出了一根着火的木头"。这种猜测基本正确。

卡瑙看着尸体燃烧，他后来说，两具尸体很容易辨认，希特勒的头部已经模糊不清，其外表特别乖戾，后来他从紧急出口进入地堡，遇到了党卫队的弗兰茨·舍得勒中尉，舍得勒不久前腿部被炸伤，他极其悲伤地说："元首死了，正在外面焚烧。"卡瑙赶忙上前扶他。

此时，在瞭望塔上值班的曼斯菲尔德也在观看尸体燃烧。当京舍命令他离开现场后，他又登上了瞭望塔。他透过射击孔看到花园里升起一股黑色的浓烟。烟雾消散后，他发现燃烧着的正是刚才抬出来的两具尸体。送葬人退出后，它还看到从堡垒里先后走出几个党卫军队员往尸体上继续浇油，以便尸体充分燃烧。少时，卡瑙来换岗，卡瑙帮他下塔后，他俩一起走到花园去观看尸体，两具尸体的下身已经被烧毁，但是希特勒的胫骨还可以看到。一小时以后，曼斯菲尔德又去观看尸体，他们仍然在燃烧，但是火势已经减弱。

下午，又有一人企图去看尸体的焚烧场面，是保安局的汉斯·霍夫贝克。霍夫贝克从地下堡垒走到紧急出口处门旁，但是尸体的焦臭令人无法忍受，于是他又离开了现场。

▼ 一辆苏军坦克停在被夷为废墟的柏林国会大厦前。

傍晚，保安局长叫人掩埋了尸体，并要大家起誓对此事保密，否则格杀勿论。

午夜，曼斯菲尔德又去瞭望塔上岗。这时苏军开始连续炮击，夜空被照明弹映得通亮。他发现，尸体没有了，紧急出口处有挖过的痕迹，他猜测那可能是埋尸体的地方。

其间，卡瑙等人来到优斯大街。卡瑙的同伴对他说："令人悲伤的是，似乎没有一名军官关心元首的尸体，但是值得骄傲的是，我是唯一知道他埋在何处的人。"

这是迄今为止所知道的有关销毁希特勒和爱娃·布劳恩尸体的所有情况。林格后来对一位女秘书说，按照希特勒的指示尸体已经被烧为灰烬。然而是否烧得如此彻底是值得怀疑的。180公斤汽油浇在地上慢慢燃烧，也许能烧两人的皮肉和体内的液体，但是骨头是耐火的，可是这些骨头却从未找到过。

据京舍说，他们或许被粉碎后和保卫总理府阵亡的其他士兵以及被埋葬在花园内的菲格莱茵的尸骨混在了一起。苏联人在这个花园挖掘过，很多这样的尸体被就近火化了，骨灰盒被装在一只箱子里运出了总理府。也许作这样的解释没有必要，也许迄今所作的调查研究浮于表面。如果说希特勒的工作日志放在他的写字单上长达 5 个月之久竟无人发现，那么其他事情，如故意隐藏尸体残躯，也许有可能被人忽视。如果非要解释的话，就是希特勒的荣誉感得到了满足。但是，就像被秘密埋葬在布森托床下的亚拉里克一样，这位当代的人类毁灭者也将被人发现。

当卫兵和哨兵在观看这出葬礼的时候，堡垒内的政客们又开始忙碌了。尸体点燃和简单的告别仪式之后，他们又回到了地下暗堡去考虑未来的问题。和希特勒的告别仪式过后一样，他们锁在心头的愁云似乎已经消散，思想上的沉重负担开始卸去。虽然他们曾经感到前途黯淡，但是至少现在能够更加切合实际地来看待未来了。从这时起，似乎谁也不愿意再回顾过去，谁也不去想那两具尸体可能仍然在花园里燃烧。这个意义不大的插曲已经过去，现在所剩的时间不多，他们必须处理自己的当务之急。一名士兵沮丧地说："看到大家对元首的尸体都采取无所谓的态度，令人不得不感到悲伤。"

第八章

帝国末日 白旗飘扬

　　崔可夫马上意识到德军投降的日子就在眼前。……回答这句话的时候，崔可夫脸上没有任何异样的表情。整个柏林都是一片白色。白床单、白窗帘、白桌布、白上衣、白内裤，甚至连小孩的白尿布也派上了用场，德国元帅和将军们站起来，鞠了个躬之后，带着满脸的屈辱，默默地离开了大厅。

No.1 投降前的挣扎

第8集团军司令部。

崔可夫元帅还没有坐下，政治部值班员表情严肃地走过来："司令员，紧急电话。"

崔可夫走进了电话室，拿起电话筒。

近卫步兵第4军军长格拉祖诺夫中将的声音传来。电话里，他的情绪比较激动，几乎不容别人插话地报告道："司令员通知，有紧急情况！"

"快讲！"

"有一个手持白旗的德军中校来到近卫步兵第35师102团前沿。他还带来一封给苏联统帅部的信。这个人要求立即将他送到司令部，以便转交这个文件。他现在已经被留在师司令部，他带着德国最高统帅部的全权证明书。他还请求为德国最高统帅部的代表们规定越过前线的地点和时间。"

"清楚了，"崔可夫回答，"请告诉他，我们准备接待军使。让他通过他来时的路线把军使领过来。"

"我马上通知师部。"格拉祖诺夫说。

崔可夫补充道："令该地段停止射击，准备接待军使，让该师把那位中校送到我的前线指挥部，我马上就到那里。"

崔可夫马上意识到德军投降的日子就在眼前。但是他又做了种种防止德军施展各种花招的安排。他向政治部以及客人们很客气地道了歉，并做了必要的安排，驱车前往前线指挥部。

按照崔可夫司令员的指示，集团军参谋长别利亚夫斯基建立好了可靠的通信联络，并指示集团军情报处的几名参谋和翻译人员立即赶到了崔可夫处。

深夜，崔可夫和副官两人静悄悄地等待着德国军使的到来。

难熬的等待中，两位作家和诗人来到了这个谈判室，他们准备抓住这个具有历史意义的镜头。

1945年5月1日的清晨已经悄然来临。3点55分，门终于打开了。

德军陆军参谋长克莱勃斯走了进来。他依然是一身整齐的将军装束。此人中等身材，体格健壮，头剃得精光，脸上挂着几道伤疤，脖子上挂着一枚铁十字勋章。随同而来的还有坦克56军参谋长、总参谋部一名上校参谋和一名翻译。

克莱勃斯习惯地做了一个法西斯举手礼，然后把自己的军人证交给了崔可夫。

崔可夫静静地等着这位军使的进一步表演。

▲ 被俘的德国将军们表情各异。

未等崔可夫开口，那人先进行了声明，说话间，还带着一种不甘屈辱的神情："我要告诉您一件非常机密的事情。您将是我通知此事的第一个外国人。4月30日，希特勒已经通过自杀结束了自己的生命，自愿离开了我们。"

崔可夫心中一惊，他确实不知道这件事的发生。但是他早就做好了心理准备，无论多大的事情，都要镇定自若。

此时，希特勒的陆军参谋长等待着崔可夫兴奋的神色，而崔可夫却不慌不忙地说："此事我们已经知道了。"

回答这句话时，崔可夫脸上没有任何异样的表情。这一回答，反倒使克莱勃斯很是吃惊，并显得很难堪，他没有想到这种令人震惊的消息并没有引起面前这位将军的多大兴趣。

"事情发生在今天15点。"克莱勃斯说。

崔可夫看了一下手表："现在还不到5点。"

克莱勃斯又一次陷入难堪，这位曾经威风凛凛的将军在胜利者面前一时竟显得有些语无伦次了。接着又自我纠正道："哦，是昨天，4月30日15点。"

接着克莱勃斯宣读了戈培尔给苏联最高统帅部的信，信中说由戈培尔全权与苏联领袖取得联系。此外，还有两份谈到全权证书和附有新的帝国政府和德国武装力量最高统帅部名单的希特勒遗嘱。他想搪塞可能要他回答的问题。

以上这些内容，对苏军来说确实是重要新闻，但是他们最关注的还是德军彻底投降的问题。

崔可夫直接进入要害问题："这些文件所涉及的是堡垒还是整个德国？"

"戈培尔授权我代表整个德国军队讲话。"

"涉及投降问题吗？"

克莱勃斯企图回避投降："还有结束战争的其他方式。为此，必须为组成以邓尼茨为首的新政府提供可能，这个新政府将与苏联政府通过谈判解决问题。"

"既然你们元首已经自杀，即承认了以他为首的政体的破产，那你们的政府还算什么政府呢？"

又经过一番对话，崔可夫觉得尚有一些重大问题要确定，遂打电话报告了朱可夫。并把德国新政府成员的名单报告了朱可夫。

"他还有什么要说的吗？"朱可夫问道。

崔可夫很快理解了朱可夫的意向，遂向克莱勃斯说道："我们只能就德国向反希特勒联盟投降的问题举行谈判，在这个问题上，苏、美、英的立场是一致的。"

"为了能满足你们的要求，我代表德国请求暂时停止军事行动，以帮助我们在柏林建立新政府。"

"你们是到我们这里来试探，这一点你是很清楚的。"崔可夫接着说，"关于停战和协约问题，只能在你们彻底投降的基础上才能解决。你的任何语言和许诺都不能破坏反希特勒联盟阵线。"

克莱勃斯说出了他的真实目的："如果你们占领柏林并且把我们消灭了，那时候德国人就没有可能与你们合作……"

崔可夫再次重复了德军彻底投降这个条件，然后向朱可夫报告："看来克莱勃斯此行不是来谈判的，而是想同我们的政府搞和谈，从而争取时间。我们还要继续进攻，直到他们投降为止。"

朱可夫在电话里继续强调了使德军彻底投降的主张。

崔可夫实际成了苏军的谈判代表，按照朱可夫的旨意继续逼迫德军投降："将军，我知道您打算告诉我们，你们将继续作战，但是我可以直截了当地告诉您，这样只能增加无谓的牺牲。"

几秒钟后，克莱勃斯还想进行反击："我们将战斗到最后一人。"

崔可夫哈哈大笑起来："将军，我想象不出，你们还将拿什么兵力来进行战斗。我们正等待着你们的彻底投降。"

克莱勃斯不敢违抗戈培尔的旨意，可是崔可夫又丝毫不让步。

崔可夫对这种不诚实的谈判有些厌倦了。他一抬手腕，表已经指向了凌晨5点，决定不再跟这位军使兜圈子了。他便把最新的消息告诉了克莱勃斯："您的军队已经在投降，成千上万的官兵做了俘虏，而此刻您还在坚持停战和进行和平谈判。"

"在哪里？"克莱勃斯抽动了一下身子问道。

"到处都有！"崔可夫果断地答复着。

"他们没有命令是不会投降的。"

"是我们的军队以勇猛的进攻逼迫他们投降。"

接着，崔可夫向军使通报了英美拒绝同希姆莱单独谈判的决定，并告诉克莱勃斯，让他们不要寄希望于英美，美苏英在德国无条件投降的问题上立场是一致的。

朱可夫来电话了。崔可夫详细地汇报了谈判的情况。朱可夫指示要继续坚持自己的立场，绝对不能对德军抱有任何幻想。

崔可夫此时正急切地等待着莫斯科的指示，他利用德国军使架设了一条通往帝国办公厅的专线，然后命令全体部队做好最后攻取蒂尔加滕花园区的准备。

克莱勃斯十分狡猾，一直咬着要苏军同他们的所谓新政府进行停战谈判不放。维持一昼夜的谈判毫无进展。

5月1日的清晨已经来临，天色大亮，谈判还没有最后的结果。这时，第28集团军军长雷诺夫中将用电话报告崔可夫，告诉他4时30分德军曾约定苏军一名军使去动物园东北角与德军军使再次会面。

别尔谢涅夫少校被指定为苏军军使，在谈判地点，他义正词严地重申，德国人必须无条件地投降，否则他们将在24小时之内被全歼。

然而德军守备力量早已发生了分裂，一批主降，一批死抗。事情趋于复杂。前来谈判的克莱勃斯一直咬定新政府的地位，崔可夫寸步不让。

一阵夹着尘土的车声，朱可夫的副手索科洛夫斯基将军来了。

他向第8集团军指挥部和德国军使喊道："不投降就不会有新政府，这一点请转告你们的上司，我们等着你们投降。"

他接着说："我们不想消灭德国人民，但是我们不允许德国法西斯的存在；我们不打算打死德国社会党成员，但是应该解散这一组织。新政府应该在新的基础上建立起来。"

索科洛夫斯基代表方面军谈了苏军的主张。

克莱勃斯依然以自己不能决定德军的最后命运为由辩解着。

索科洛夫斯基接着强调说："你们投降后，可以宣布新政府成立。届时，我们将在柏林把一部新电台交给你们，你们可以同我们的盟国取得联系。我们还可以为你们提供汽车和通信联络。"

克莱勃斯明知等待着他的下场，他不再坚持自己的主张了。

第8集团军与德军帝国办公厅的电话架通了。克莱勃斯还在崔可夫指挥所里。他向办公厅通了话。办公厅请求苏军让克莱勃斯回去。苏军同意了他们的意见。

克莱勃斯在电话里重读了一遍苏军提出来的投降条款：

一、柏林投降。

二、所有投降者都交出武器。

三、保证官兵生命安全。

四、治疗德军伤员。

五、为用电台与盟军谈判提供方便。

第三帝国领导人不同意投降。邓尼茨仍然试图加速东西方的分裂。在他看来，没有比这种方法更能拯救德国了。

所以，在东线，他们的士兵与苏联红军进行着殊死的战斗。而在西线，一看到盟军就立即投降。

德国的居民也纷纷逃向西部。

他相信，由于希特勒的死，西方肯定会把德国看成一个反对共产主义的堡垒。

邓尼茨知道，艾森豪威尔不会只接受在西线的全面投降。因此，他试图通过向盟军远征军最高司令部投降，而在东线继续作战来达到同样的目的。

蒙哥马利同样得到了这种暗示。他正面的德军告诉他，他们不但想让第21集团军下面的德军投降，还想让德国东北部与苏军作战的德军向英军投降。

艾森豪威尔觉察到德军的阴谋。他命令蒙哥马利拒绝后一条建议。同时，艾森豪威尔让蒙哥马利告诉德军，如果出现较为全面的投降，他将和在场的苏联代表一起，安排较为正式的受降仪式。

遭到拒绝的邓尼茨，继续抱有希望。他想，西方盟国不会拒绝德国这个虽然暂时失败，但一段时间后仍然会强大起来的伙伴。

1945年5月4日，邓尼茨派汉斯·冯·弗里德堡海军上将，带着指示到盟军最高司令部，安排在西线的德军残余部队的投降事宜。

艾森豪威尔再次要求在东线、西线全面投降。他还邀请苏联驻盟军最高司令部的联络官苏斯洛马洛夫将军一起参加谈判。

艾森豪威尔让助手告诉弗里德堡，他拒绝在无条件投降之前会见任何德国官员。弗里德堡则回答说，自己没有权力签字。

在盟军的压力下，弗里德堡只得打电话给邓尼茨，请示批准在投降书上签字。邓尼茨没有批准弗里德堡的请示，相反，他做了最后一次努力来分裂盟国。

他派德军总参谋长阿尔弗雷德·约德尔上将到兰斯安排在西线投降。约德尔告诉盟军，德军愿意，而且非常迫切地希望尽快向西方投降，而不向红军投降。约德尔还告诉盟军：

"邓尼茨将命令所有在西线的残余部队停火，不管盟军最高统帅部如何对待投降协议。"艾森豪威尔让助手警告约德尔：除非在投降书上签字，否则，"将中断一切谈判，并封锁西线，用武力阻止德军和平民向西方移动。"

约德尔只得将艾森豪威尔的警告转达给邓尼茨，邓尼茨气急败坏地说："这纯粹是勒索！"邓尼茨气愤地将约德尔的电报摔到了地上，但是无奈中的邓尼茨，还是给约德尔拍去一封电报：

"海军元帅邓尼茨已经授予约德尔全权按照所提出的条件签字。"

No.2 白旗飘扬的柏林城

苏军又一次向政府街区、帝国大厦地区和帝国办公厅发射炮火，炮弹在上述地区倾泻。

"德军耍滑头，我们就用大炮跟他们谈判！"炮兵指挥官波扎尔斯基将军说。

盘踞在最后几个据点的德军纷纷举起了白旗。

1945年5月1日，苏军的攻势终于使德军承认了自己的失败。莫斯科以及苏联的其他城市沉浸在一片欢乐声中。

德军一面谈判，一面投降，一面抵抗，在5月1日这最后的日子里，柏林还有7万人在抵抗，他们不准备投降。

而这一夜，苏军攻势却越来越猛了，79军与步兵第4军会合了；坦克第12军与第28军、第8集团军会合了；机械化第1军与近卫坦克第3突击集团军会合了。

这天晚上，苏军第79师无线电台收到了一份俄文电报："我们是德坦克第56军，请停止射击。柏林时间12时50分我们派几名军官到波茨坦桥，识别标志是一面红底色白旗。"

苏军立即用俄语作答，并在指定地点接受了德坦克第 56 军的投降。

朱可夫发出最后通牒，魏德林必须于 5 月 2 日 7 时前全部解除武装并投降。

5 月 2 日，早晨 7 时。

崔可夫的指挥所接到电话说，柏林城防司令魏德林将军已经来到阵地前沿。不一会儿，魏德林将军被带到指挥所。

检查了各种证件，索科洛夫斯基将军要魏德林将军草拟彻底投降命令。

这位柏林城防司令早已威风扫地，只得坐在桌子上，在一个参谋的帮助下，神情紧张地拟好投降命令，然后签上名字交给了索科洛夫斯基将军：

4 月 30 日，元首已经自杀，他抛弃了我们这些曾经效忠他的人。根据元首的命令，我们德国军队还应该为包围柏林继续作战，但是，我们已有的弹药已经消耗殆尽，从总的形势看。我们继续抵抗已经毫无意义。

我命令：立即停止抵抗。

柏林城防司令魏德林炮兵上将

这一命令复制了多份，用汽车分别送到各个部队宣读。电台也及时广播了这一命令。

事实上，绝望中的德军，早就等待着这一命令。

5 月的柏林，气候温暖而沉闷，偶尔从云缝中露出太阳的面孔，正在缴械的德国士兵脸上便挂上了一丝生机。

德军士兵一个接一个地把自己的冲锋枪堆放在一起，然后继续向前走去。这些曾经为希特勒卖命的士兵，此刻，显得安详而又木然。

是的，一切都过去了。

一切又重新开始了。

他们不由自主地挪动双脚，不知道，也不想知道，自己将走向何方。

反正，不用再打仗了。

一队队士兵走过去之后，尉级和校级军官也走了过来。在他们的前面，是为数不多的几个将官。他们的两只胳膊像两条鞭子似的悬挂下来，脑袋耷拉着。

这些已经悄然失去往日威风的法西斯军人，肩章、帽徽，以及袖子上效忠纳粹的标志，一切都变得黯然失色。

只有希特勒的那座雕像，似乎还茫然不知眼前发生的一切。

"哼，他还很傲慢。"一名战士在这座雕像前停了下来，沉思片刻后，他敏捷地爬上雕像，把一块白布系到"最高统帅"的一只胳膊上。

"也投降吧，"这名战士冲着"最高统帅"叫道，"你还指望什么呢？"

整个柏林都是一片白色。白床单、白窗帘、白桌布、白上衣、白内裤，甚至连小孩的白尿布也派上了用场。

魏德林命令一下，整个分队、整个大部队都投降了。

1945年5月2日15时，柏林守军全部停止了抵抗。2日日终前，柏林全部被苏军占领。一天内，苏军白俄罗斯第1方面军生俘德军10万余人，乌克兰第1方面军俘虏了3400人。

苏军新任柏林卫戍司令员别尔扎林上将开始在柏林建立秩序。

苏联红军攻克柏林的消息像是闪电一样传遍了全苏联，同盟国电台也中断了安排好的节目，广播了这一重大消息。

5月2日23时30分，324门火炮组成的礼炮队进行了24次齐射，以此祝贺自己的胜利。

至此，攻克柏林的战役达到了胜利的高潮。

No.3 投降签字仪式

1945年5月7日，凌晨2点。

史密斯将军、摩根将军、布尔将军、斯帕茨将军以及一位法国代表和苏军的苏斯洛巴洛夫将军，聚集在兰斯的职业技术学校二楼的文娱室。

签字仪式开始了。

约德尔把德意志国家交到了盟军手中，并正式承认纳粹德国已经覆灭。

一墙之隔的另一个房间。艾森豪威尔正在一边踱步，一边大口地吸着烟。望着窗外一片春色，艾森豪威尔感到：新的生活来到了！

半个小时后，签字仪式结束了。

接着，艾森豪威尔亲自向盟国联合参谋总部口授了一份电报：

"盟军的任务已经在1945年5月7日当地时间2时41分完成。"

苏军最高统帅部的首脑人物却无法笑起来。

5月6日夜里，苏斯洛巴洛夫把即将举行投降签字仪式和投降书稿火速电告莫斯科，请示指示。

投降签字仪式马上就要进行了，国内的指示电报还没有发到。

怎么办？是代表苏联签字，还是拒绝签字呢？

苏斯洛巴洛夫十分清楚，希特勒死党仍然在玩弄单独向盟军投降的把戏。此刻，如果

▲ 一名陷入绝望的德军军官颓丧地低头反思。

自己稍为不慎，就可能带来严重后果。他一遍遍地研究投降书，发现里面并没有什么不妥。

苏斯洛巴洛夫决定在投降书上签字。但是，为了使苏联政府能够对今后的事态发展保持灵活性，他在投降书上附加了一个备考。

备考说明，本军事投降书签署后，任何一个盟国政府，仍然可以提出签订另一个更加完善的投降书。

然而，就在艾森豪威尔向苏斯洛巴洛夫祝贺投降书的签署时，莫斯科发来紧急指示：任何文件都不能签署！

苏联政府认为，在兰斯签署的投降书，只是德国法西斯军队无条件投降的初步议定书，只有记载德国法西斯军队真正投降，并停止在东西方的任何抵抗的文件，才能被看成是最终文件。

事实上，兰斯投降书签署后，东线的德军仍然在继续抵抗。

正因为如此，苏军总参谋长安东诺夫大将于5月7日早晨，给英美驻莫斯科的军事使团发出信函。信中要求5月8日在陷落的柏林，正式签署无条件投降书，代替在兰斯签署的临时议定书。

艾森豪威尔马上回电，同意盟军的代表们于1945年5月8日，赴柏林签署德国武装力量无条件投降书。

1945年5月8日，一个历史上值得纪念的日子。

柏林坦贝尔霍夫机场。

彩旗迎风飘展，各个盟国的国旗也夹杂其间。虽然在许多地方仍然可以看到战争留下的痕迹，但是一切都开始变得井然有序。

首先飞到柏林的是苏联代表维辛斯基，他是以驻德最高长官的政治副职的身份前往柏林的。

接着，机场上陆续降下的若干大大小小民用、军用飞机，带来了各国的记者。

各国记者望着机场一字排开的数百辆小轿车惊讶不已。他们不明白，苏军一下子从哪儿搞到这么多小轿车。

不多时，3架飞机从天而降，美军战略空军司令史帕兹将军、英国泰勒空军上将、法军司令塔西尼将军一一走下飞机。

苏联人走上前去，与来者热烈拥抱在一起。苏军乐队高奏苏美英三国国歌，各国代表检阅了苏军仪仗队之后，德军凯特尔元帅、弗里德堡上将和施普通夫空军上将等一行被允许走下飞机，带上汽车。

德国无条件投降签字仪式，是在前德国军事工程学校的军官食堂大厅进行的。

值班军官按照苏军朱可夫元帅的指示，请德国最高统帅部的代表进入大厅。

凯特尔元帅极力保持着尊严与傲气，他把元帅杖举到自己胸前，并立即放下。他想要自己在承受耻辱时做得体面一些，但是，不管怎么样，这毕竟是要在投降书上签字，作为一个军人，没有什么比这更感到羞辱了。

"现在，开始签署德国无条件投降书。"朱可夫元帅庄严宣布，接着对德军凯特尔元帅问道："你手头有无条件投降书吗？研究过没有？你是否拥有全权签署投降书？"

"是的，我们研究过，并准备签署投降书。"凯特尔元帅整了整眼镜，把德国新总统邓尼茨签署的文件递交给主席团。

"德国代表团签署投降书准备好了吗？"朱可夫元帅大声问道。

"是的，准备好了。"凯特尔抬起头来。

"我建议你在这儿签署投降书。"朱可夫指着一张坐着苏军和盟军统帅部代表的桌子。

凯特尔顺从地走了过去，然后放下元帅杖，戴起眼镜，聚精会神地看起文件来。

其实，在此之前，凯特尔已经反复推敲过无条件投降书。此刻，只是故作姿态，卖弄风度罢了。

1945 年 5 月 9 日，零时 17 分。

凯特尔开始不慌不忙地签署投降书。每签完一份，凯特尔总要装腔作势地仰到椅子上，等候秘书递给他另一份。军事投降书的内容是：

一、我们这些签名者代表德国最高统帅部，同意我们的陆、海、空军所有的武装力量以及现在由德军统帅部指挥的一切力量向红军最高统帅部，同时向盟军远征军最高统帅部无条件投降。

二、德国统帅部要立即命令陆海空所有的司令官和德军统帅部指挥下的所有兵力，于 1945 年 5 月 8 日中欧时间 23 时 1 分停止军事行动，停留在此时他们所在的地点，彻底解除武装，向当地的盟军司令官或作为盟军最高统帅部代表的军官移交他们的全部武器与军用物资，不许破坏与损坏机车、轮船、飞机以及发动机等有关设备，以及作战用的车辆、装备、仪器和一切军事技术装备。

三、德军最高统帅部要立即派出合适的指挥部，保证执行红军最高统帅部和盟军远征军最高统帅部以后所发布的一切命令。

四、本投降书将不妨碍盟国或以他们名义签订的、适用于整个德国与德国武装力量投降的其他总文件进行替换。

▲ 1945 年 5 月 7 日，约德尔代表德军向盟军投降。这是签字仪式的现场。

▼ 1945 年 5 月 2 日，苏军官兵震耳欲聋的"乌拉"欢呼声响彻柏林上空。

五、若德国最高统帅部或其指挥下的某一武装力量不按照这个投降书形式，红军最高统帅部以及盟军远征军最高统帅部将采取他们认为必要的惩罚措施或其他行动。

六、本投降书用俄文、英文和德文写成。只有俄文和英文的文本才是准确的。

德军最高统帅部代表：凯特尔、弗里德堡、施普通夫（签字）

1945 年 5 月 8 日，于柏林零时 30 分

所有的投降书拿到另一张桌子上。

朱可夫元帅戴上金边眼镜，迅速在每份投降书上签字后，美、英、法代表也一一在上面签上了自己的名字。

零时 43 分，朱可夫元帅宣布："德国代表团可以退场。"

德国元帅和将军们站起身来，鞠了个躬之后，带着满脸的屈辱，默默离开了大厅。

刚才还是悄无声息的大厅，顿时沸腾起来。

朱可夫转过身子，与参加签字的代表一一握手，然后，他大声发表了即兴演说：

我亲爱的朋友们，我与你们一起分享了这伟大的荣誉。在最后的交战中，人民、党和政府信任我们，让我们率领英勇的苏联军队顽强进击柏林。苏联军队，包括你们这些攻占柏林的交战中率领部队的指挥员，感到无上光荣的是，没有辜负这一信任。遗憾的是，许多人已经不在我们身边了。否则他们看到这盼望已久的胜利，将会多么高兴啊！他们正是为了整个胜利，才毫不犹豫地献出了自己的生命……

5 月 9 日凌晨 4 时左右。莫斯科。

满载着德国无条件投降书和在柏林战役中被粉碎的法西斯军队各师军旗的飞机，徐徐在机场降落。

顿时，机场响起了欣喜若狂的欢呼声。和平，盼望已久的和平，终于降临了！

第九章

审判台下 战犯伏法

　　历史是公正的：曾经是纳粹党巢穴的纽伦堡，不日，将成为清算纳粹分子罪行的审判台。戈林最初的优势消失殆尽，他那张装腔作势的面孔，也开始越绷越紧。里宾特洛甫不得不低下头，像个泄了气的橡皮娃娃。当他听到自己和戈林一样，被判处绞刑时，一下子瘫了下去。1946 年 9 月 30 日，长达 248 天的审判进入了高潮。这一天，纽伦堡军事法庭宣读了长达 250 页的判决书。

No.1 三巨头聚首雅尔塔

1945 年 2 月，雅尔塔。

苏、英、美三大巨头再次相聚在一起。胜利在望时，他们考虑最多的是如何分享胜利果实。当然，对给世界人民带来深重灾难的法西斯分子进行惩罚，也成了三大巨头的话题之一。

三大巨头一致同意，要在战后解除德国武装力量，解散德国的总参谋部，在一切领域内清除纳粹和军国主义的影响，其中重要的一条，便是惩治战犯。

请柬

美利坚合众国政府代表本政府和联合王国、苏维埃社会主义共和国联盟、中华民国和法兰西共和国临时政府，邀请 × × 国政府派遣代表参加将于 1945 年 4 月 25 日或稍后一些时候在美利坚合众国旧金山举行的会议，以拟订维护国际和平与安全的一个普遍性的国际组织的宪章。

……

雅尔塔会议的成果之一，是决定召开联合国制宪大会。

1945 年 4 月 25 日，在美国旧金山歌剧大院内，50 多个国家的共计 282 名代表，以及世界各国的政治家、外交家、记者等 5000 多人，出席了历史上最庄严的大会。

这是一个既充满矛盾，又充满合作气氛的大会，大会结束前，终于按照计划通过了《联合国宪章》。6 月 26 日晨，各国代表依次在《宪章》上签字。

就在这次会议上，各国代表就一系列审判战犯的具体问题展开了热烈的讨论。

在伦敦，大不列颠以及北爱尔兰联合王国政府、美利坚合众国政府、法兰西临时政府以及苏维埃社会主义共和国联盟政府，于 8 月 8 日正式缔结了关于对欧洲轴心国首要战犯起诉和惩处的协定。

这就是《伦敦协定》：

第一条 依照德国管理委员会的决定应建立国际军事法庭对战犯进行审判。

第二条 本协定所述国际军事法庭的宪章、权限和任务均规定于所附的国际军事法庭条例中，条例为本协定的基本组成部分。

第三条 各签字国均应采取必要步骤，以对掌握在其手中而应交付国际军事法庭审判的首要战犯进行起诉理由的调查，并为审判做好准备。

第四条 在莫斯科宣言中所规定的，关于解送战犯至其犯下罪行所在地国家的决定，不受本协定影响。

第五条 联合国各成员国政府得以通过外交途径向联合王国政府递交声明参加本协定。

第六条 为审判战犯而设置在任何一个盟国领土上，或在德国的国家法庭，或者占领区法庭的权限和审判均不受本协定影响。

第七条 本协定在签字之日起，有效期一年。

对纳粹分子进行审判和惩处，已成为定势。

纽伦堡，德国著名的城市。

整个第二次世界大战期间，纽伦堡成为纳粹的巢穴，自从有了德意志工人党时起，每年的年会都在这里举行。

因此，希特勒得意地宣称：纽伦堡是帝国的党代会之城。

盟国恰恰选择了这一地点，作为对德国纳粹分子审判的地点。

历史是公正的：曾经是纳粹党巢穴的纽伦堡，不日，将成为清算纳粹分子罪行的审判台。

1945 年 11 月 20 日，上午 10 时 3 分。

庄严肃穆的欧洲国际军事法庭，在纽伦堡的正义宫开庭了。

宽敞的大厅，正面悬挂着四面大旗。从左向右，依次是苏联的镰刀斧头旗，美国的星条旗，英国的米字旗和法国的红白蓝相间的三色旗。

"欧洲国际军事法庭现在开庭！"

法庭审判长杰克里·劳伦斯，这位英国法学界享有盛誉的大法官，一字一顿地庄严宣布。

霎时间，排山倒海般的掌声在大厅响起。

接着，四国首席起诉代表，苏联的鲁登科中将、美国的杰克逊法官、英国的肖克鲁斯爵士和法国的德芒也纷纷上前致词。

竭力促成这次审判的美国杰克逊法官，低沉的声音让人感到有一种不可抗拒的力量：

……像今天这样，在历史上第一次进行对破坏世界和平的罪行开始法庭审理，这一业绩显示了严肃的责任感。我们力求对之进行判决和惩处的种种罪行，是经过了如此精心的策划，是如此之恶劣，又具有如此之大的破坏后果。人类文明无法对此容忍，否则将会不可避免地使这种灾难重复出现。取得了胜利的四个大国并非进行报复，而是自愿把他们所俘获的敌人交给法庭审判。这是一种最伟大的容忍克制精神，这种容忍在任何时候都会使理性起作用……

英国的首席起诉人肖克鲁斯的发言，让人感到这个世界并非强者就可以为所欲为，也不是"胜者为王，败者为寇"。

虽然希特勒一伙强调"败者应该遭殃"，但是历经磨炼的英国政府却反对这种观点。法庭正是想让全世界意识到，公理并不始终处于强者的营垒一方。进行侵略战争不仅是危

险的行动，更是令人憎恶的犯罪行为。

肖克鲁斯的发言，赢得了一阵热烈的掌声。

法国首席起诉人的发言，充满了对纳粹德国法西斯的仇恨：

法国遭到了有计划的掠夺并濒临毁灭，法国人民有很大一部分在盖世太保的牢狱里和在放逐营里遭到折磨和杀害……

法国历史上不止一次担任了人类自由、人类和平和人类进步的代言人和先锋战士，今天，也将通过我们的声明再次成为西欧遭受牺牲的各国人民的代言人！……

第二次世界大战中沦为德国占领地的法国，国家丧失主权，人民饱受蹂躏。今天，终于是他们扬眉吐气的时候了。

最后登上发言席的，是苏联的首席起诉人鲁登科将军，他是发言中唯一身着军装的：

◀ 中国代表董必武在《联合国宪章》上签字。

◀ 纽伦堡审判中的一幕。

……对具有如此规模和如此严重后果的罪犯行使审判权，这在人类历史上还是第一次。

这些曾经攫取了整个国家的权力，并且亲自把这个国家变成他们进行令人难以置信的犯罪工具的罪犯，站在法官面前接受审判，这在人类历史上也是第一次……

鲁登科中将一句比一句更有力的排比，引起了一阵阵掌声，听众为他精彩的发言情不自禁地鼓起掌来。整个第二次世界大战中，苏联功不可没，独支欧洲危局，以雷霆之势横扫欧洲东线德军。在今天正义的审判席上，苏维埃社会主义共和国联盟，有理由在今后的审判中，高悬正义之剑，对非正义、非人道和破坏和平的历史罪人，进行应有的惩处。

被告席上，这些曾经统治德国 12 年之久、不可一世的纳粹分子，目光呆滞，垂头丧气，在威严的法庭上，一个个失去了往日的光彩。

11 月 20 日的开庭时间不长。

就在鲁登科中将的开庭致词完毕后，庭长宣布了法庭的权利和审判程序。

根据国际军事法庭宪章规定，法庭有五项法权：

一、为正式审讯传唤证人，要求证人出席并作证，向证人提出问题。

二、对被告进行审问。

三、要求提出文件或其他证明材料。

四、要求证人宣誓。

五、委托代表执行法庭所赋予的任务，包括根据委托而对证据进行调查。

法庭的审理，按照如下程序：

一、宣读起诉。

二、法庭询问每一个被告本人是否承认有罪，或否认有罪。

三、起诉当局提出初步说明。

四、法庭询问起诉当局和辩护方面，是否希望向法庭提供证据，并裁定任何证据的可接受性。

五、听取起诉当局的作证，再次以后，听取辩护方面的作证，然后调查为法庭所接受而由起诉当局或辩护方面提出的反证。

六、法庭可以在任何时候向证人和被告提出问题。

七、起诉当局和辩护人应对任何作证的证人和被告严加诘问，并有权采取对证人和被告的盘问。

八、然后由辩护方面发言。

九、起诉当局在辩护人之后发言。

十、被告作最后发言；

十一、法庭宣布判决和刑罚。

至此，庭长宣布退庭。

第二天，继续开庭审判。

No.2 战犯的命运

戈林，这位曾经是帝国第二号人物的纳粹，做梦也没有想到，几个月前希特勒把他投入监狱，几个月后，他又坐到欧洲军事法庭接受审判。

起诉完毕后，劳伦斯法官叫起了被告席上的一号人物戈林，让他据实回答自己是否有罪。戈林扭动着身子，摇摇晃晃地走到麦克风前。

听众急切地想听到戈林的回答。然而，在一番做作之后，戈林慢条斯理地开口了："在我回答之前……"听戈林的口气，仿佛他不是被告，而是原告。

劳伦斯法官赶紧打断了被告的妄语。但是老谋深算的戈林却装作没有听到，继续念着手中的一份材料。

劳伦斯厉声打断了戈林的话："被告，请你回答是否服罪！"

"不服罪！"戈林立即嘟囔了一句，但是马上补充说："就起诉书而言。"

法庭旁听席上顿时嘘声阵阵。

"盖世太保"，这个多年后还让人生畏的名字，发明者正是戈林。秘密警察"盖世太保"，从成立那天起，就是希特勒统治的有力工具。

"告诉你们，现在从警察枪中射出的每一颗子弹，都等于是我射的。如果有人说这是谋杀，那么主谋便是我，是我命令他们这么干的，要杀就找我好了！"戈林的就职演说中，这样告诉世人。

可是现在，他却"不服罪"！

劳伦斯感到，戈林是一块难啃的硬骨头。被告席上唯一的"帝国元帅"，先后担任过帝国各部长、航空总监、普鲁士内政部部长、普鲁士总理、帝国航空部部长、空军总司令、森林局长等职，后来，成为仅次于希特勒的帝国第二号人物，丰富的阅历，不仅使他见多识广，而且法西斯政权中长期的钩心斗角，使他狡诈顽固。

纳粹德国全面投降后，戈林被美军正式逮捕。但在美军的预审室里，这位空军元帅，每次都是面带微笑，狂妄而自信。到纽伦堡法庭后，戈林更是充分施展他的表演才能，试图顽抗到底。

1946年1月8号，戈林静听了对他的起诉。

戈林对起诉不屑一顾。被告席上的他，或是抓耳挠腮，或是假寐，或者，因为无数照相机对准了他，故意摆出一副最佳照相姿态。

1946年3月13日，戈林亲自出庭辩护。戈林的辩护，不可谓不精彩：

"在一个政治领导集团决心要进行一场不论是正义的还是非正义的战争期间或战前，如果说只能由各个将领决定'我参加'或者'我不参加，我的军团留在家里……'那么，怎能想象出这个集团能够领导国家呢？按照这种逻辑，到头来，我大概不得不把这种权力交给每个士兵了。如果去问每一个士兵，他是否想回家，那么这也许成为避免战争的最后途径了。但是，在坚持领袖领导集团的国家里，却是根本行不通的。我就想强调这一点。"

显然，戈林把一切的责任都推到了希特勒的头上。当美国的审判官杰克逊问及戈林关于纳粹计划中的绝密问题时，戈林的"精彩"表演，更是博得了旁听席上的大笑。"在我

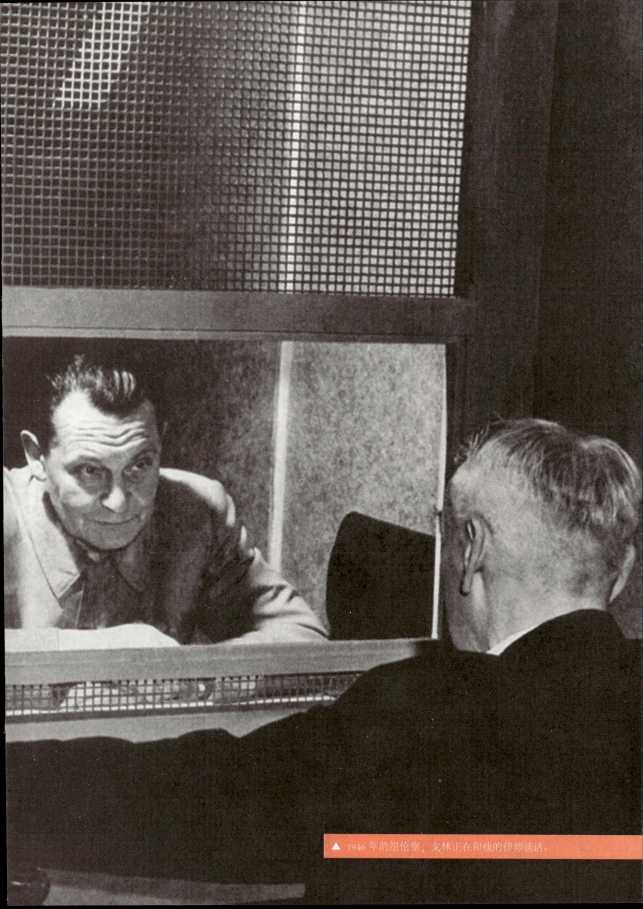
▲ 1946 年的纽伦堡，戈林正在和他的律师谈话。

的记忆中，好像不记得美国政府曾经公开发表过关于战争动员计划的细节。"戈林假笑一声，然后故作正经地严肃回答道。

杰克逊气愤地摘下耳机，他知道戈林是一块难啃的骨头，但是没有想到，戈林这么狡猾、机灵，他的辩护，不仅赢得了观众的喝彩，而且赢得了观众的同情。

其他审判官也不无忧虑地谈道："戈林被允许胡说八道，越来越傲慢，这样下去，对审判不利。"

另一名审判官也谈道："我们必须告诉法庭，我们是在和一个狡诈无比、经验丰富的政治家打交道。如果法庭不约束他，审判将成为一场灾难，那样，可能恢复纳粹的形象。"

但是，毕竟法庭掌握着戈林足以致他于死地的罪证。特别是德国反希特勒抵抗运动成员汉斯·贝尔恩德·吉泽维乌斯博士的证词，对戈林造成致命一击。他的证词证明了戈林与"罗姆事件"和"勃罗姆堡"的关系，还指责戈林一手操纵了国会纵火案。

就是 1933 年 2 月 27 日的那次"国会纵火案"，使德国共产党遭到毁灭性打击，从而为希特勒上台铺平了道路。

▲ 纳粹要犯们第一次体会战争中平民的生活方式。

另两位证人的证词，也使戈林的嘴脸得到进一步暴露。

戈林最初的优势消失殆尽，他那张装腔作势的面孔，也开始越绷越紧。

1946年9月30日。

戈林换上了他最好的衣服出席宣判仪式。

劳伦斯大法官庄严地宣判了对戈林的判决：

戈林是推动侵略战争的元凶之一，他经常、几乎一贯起了推动作用，而且紧随希特勒行事。所以，不存在任何减刑的可能。他既是政治的，也是军事的首脑。他是奴隶劳工计划负责人，也是制订在国内外镇压犹太人和其他种族计划的负责人。所有这些罪行他都已经供认不讳。他本人的证词足以证明他的罪行。这种种罪行是骇人听闻的，根据全部材料，对这样的人，根本不能宽宥。

被告赫尔曼·戈林，根据起诉书你被认为有罪的各项，国际军事法庭判处你绞刑！

戈林懵了。

他没有想到自己会这么不得好死，尽管他早已做好了死的打算。

法庭上，戈林一动不动地站了一会儿，直愣愣地望着法庭，脸色灰白。

他的眼中充满泪水。

行刑的时间一天天临近了。

1946年10月15日夜晚，11点44分。

新换班的看守突然看到戈林情况不对——全身扭动痉挛，显然是吞服了剧毒药物。

戈林死去了。

他确实吞服了氰化钾。

他在给监狱长安德鲁斯的信中这样写道：

监狱长：

自从我被俘以来，我一直把剧毒胶囊带在身边，在我被押解至蒙道尔夫监狱时，我身上共有三颗胶囊。我把第一颗留在衣服里，以便让它在检查的时候被发现。第二颗在我每次脱帽时放在衣帽里，穿衣服时再随身带上。我在蒙道尔夫和这里的单身牢房中巧妙地把这颗胶囊隐藏起来，所以它虽经反复彻底搜查也未被发现。在出庭时我把它放在高筒马靴里随身带着。第三粒现在还藏在我的手提箱中那个圆形护肤霜里。受命检查的人却不应该为此受到指责，因为事实上是不可能找到这颗胶囊的。这也许是事出偶然吧。

赫尔曼·戈林

写于盖波特博士通知我监察委员会拒绝我要求把绞刑改为枪决的申请之后的片刻。

临死之前的戈林，仍然不忘嘲弄美国军人一番。

戈林由于"机灵"而免上绞刑架。

这样，纳粹党的"天才"外交家约翰·里宾特洛甫中了"头彩"，成了第一个走上绞刑架的纳粹战犯。

这个帝国的外交部长，此时坐在被告席上，真想再一次施展自己的口才。

然而，他是被告，他只有接受审判的权利。

1893年4月的一天，德国西部一个军人家庭里，一个十分瘦弱的孩子出世了。

接产婆预言："你的儿子会成为一个能言善辩的人，将来一定会做大官的。"

接产婆的话果然得到了应验。

由于里宾特洛甫的"艰苦奋斗"，他最终爬上了帝国外交部长的职位。

他的发迹，是从第一次世界大战后开始的。

第一次世界大战后，他选择了经商，成为一名香槟酒商人。这一行当使他练就了能说会道的口才，尽管他推销的香槟酒并非上等货色，但经他口若悬河地胡吹一番，果然成了"好货"。

他发财了。

而且不久，还娶了德国最大酒厂老板的女儿做老婆。

1932年，里宾特洛甫的一生出现重大转折。

这一年，他加入了纳粹党，随后，成为纳粹党中一名举足轻重的人物。

几年后，里宾特洛甫略耍花招，爬上了外交部长的宝座。

正是从这一刻起，作恶多端的里宾特洛甫变本加厉，成为希特勒手下的一名干将。

当他就任外交部长的第一天，希特勒明确告诉他，德国还有四个问题没有解决：奥地利问题、苏台德问题、默麦尔问题和但泽问题。

里宾特洛甫果然不负希特勒的重望，他照希特勒的吩咐一一办了。

在迫害犹太人的问题上，里宾特洛甫同样表现出积极态度。

1942年9月，他曾命令德国驻各轴心国的外交代表把犹太人迅速交给德国或者放逐东方。第二年的4月21日，他随希特勒参加了与匈牙利的法西斯独裁者的会谈。在会上，他要求这位独裁者把犹太人关进集中营或者彻底消灭。

不过，此刻的里宾特洛甫，只能"发迹"到法庭了。

依据里宾特洛甫的犯罪事实，军事法庭指控其犯有反人类罪。

但里宾特洛甫竭力为自己辩护："……希特勒每采取一个行动，都使我陷入绝境，使

我忧郁不堪。事实上，正是由于我的努力，才使世界上更多的人免遭不幸。"

"如果说德国不得不进攻同他签约的国家，或者保持友好关系的国家，那是迫不得已，是为了自己不受战争的威胁。"

然而，证人对他的质问和反驳，迅速使其露出了原形。

这位"和平鸽子"的虚假羽毛，一片一片飞落下来，呈现在众人面前的，是一只满嘴是血的白秃鹫。

里宾特洛甫不得不低下头，像个泄了气的橡皮娃娃。

当他听到自己和戈林一样，被判处绞刑时，一下子瘫了下去。

赫斯是一个谜，一个至今没有解开的谜。

1923 年，在参加著名的"啤酒馆暴动"后，鲁道夫·赫斯与希特勒同时被抓，并一同关到兰茨贝格要塞服刑。

正是在那里，希特勒与他一起完成了《我的奋斗》。

每天，希特勒总会有很长一段时间坐在床头，口述《我的奋斗》，赫斯则手执一支蘸水笔，在纸上飞快地记录。他在记录的同时，对希特勒书中的话佩服得五体投地。有时，他也会为希特勒提供一些补充意见，为这本纳粹法西斯"经典"贡献自己的一份力量。

可以毫不夸张地说，《我的奋斗》是希特勒和赫斯两人共同努力的"结晶"。

依仗这层关系，赫斯成为希特勒的左膀右臂。

1939 年，就在希特勒下令进攻波兰前几个小时，他宣布，赫斯是他离任后接替他的第二号继承人。

谜一样的人，做出了谜一样的事。

1941 年 5 月 10 日晚上 10 时。英国苏格兰伊戈尔斯哈姆附近，随着一声巨响，睡梦中的村民被惊醒了。

村民们应声看到，一块高地上火光熊熊，还不时传来爆炸声。

原来，一架飞机坠毁了。

村民们在附近的树林中找到了一个正在搜寻罗盘的人。

这个人，正是纳粹党第三号人物赫斯。

这天下午，赫斯自己驾驶着一架梅塞施米特－110 战斗机，从德国奥格斯堡起飞，飞往苏格兰。

消息传来，希特勒惊呆了，他搞不明白，赫斯为什么会出走英国，而且是在这个时候。希特勒立即召集所有纳粹首脑开会，以便想出一个能向德国和世界公布这件令人难堪的事情的办法。

希特勒看完赫斯留下的一封前言不搭后语的信，转身对凯特尔说道："在这封信中，我已经认不出来赫斯了。这是另一个人，一个神经错乱的人。"

英国也被突然到来的赫斯弄得莫名其妙。

丘吉尔听完报告，怎么也不相信这是真的。

到英国后的赫斯，大谈自己肩负重要使命。他说纳粹的一切行动都是英国造成的。如果英国让德国在欧洲自由行动，那么德国也就同意英国在英帝国内自由行动。否则，一个伟大的帝国———个我从来也不想毁灭甚至不想伤害的伟大帝国，将遭到毁灭。

好一派胡言！

由赫斯一人主讲的会谈一结束，英国就把赫斯当成战俘看守起来。

直到第二次世界大战结束，英国才将赫斯放了出来——那是为了可以让纽伦堡军事法庭审判他。

赫斯最后被判处无期徒刑。

但他为何飞英，至今还是一个难解的谜。以至几十年过去了，人们还在为赫斯飞英这件事争论不休。有的人认为，正如希特勒所言，赫斯是因为神经不正常才独自飞英；有的人认为赫斯飞英是希特勒授意的，目的在于采取主动，以结束与英国的战争；也有的人认为赫斯飞英，是因为自己失宠而产生的怪念头，打算单枪匹马安排德英两国的和平，从而恢复自己往日的地位。

赫斯创造了一个无人能解的谜。

他的继任者鲍曼的生死也是一个谜。

希特勒自杀后，鲍曼为帝国的正常运转竭尽了全力。

他首先给邓尼茨发去了一份电报：

海军元帅邓尼茨：

元首任命您，海军元帅先生为继承人，以代替前帝国元帅戈林。任命正在途中，您必须立即采取适应当前形势的一切措施。

鲍曼

他只字未提希特勒已死这件事。所以，接到电报的邓尼茨马上给元首回电：

我的元首：

我对您的忠诚是无条件的。我将继续尽一切力量把您从柏林解救出来。如果命运一定让我作为您的继承人来领导德意志帝国的话，我将把这场战争进行到底，无愧于德国人民的史无前例的、英勇的斗争。

海军元帅邓尼茨

鲍曼在做完了一切他认为应该做完的事情后，与其他几个人一起，迅速离开了地下避弹室。

这几个人小心翼翼地贴着墙根向前摸去。恰好，过来了几辆德军坦克。于是，鲍曼便跟在坦克后面，向苏军的封锁线进发。

苏军发现了这几辆坦克，立即进行炮击。

炮声中，鲍曼从此不知去向。

后来，在军事法庭上，与鲍曼一同出逃的阿克斯曼医生出庭作证说：

"在离桥不远处的铁轨上，我发现横着两具尸体。月光下，尸体得脸部看得非常清楚。那是鲍曼和斯坦普弗格。他们仰面躺着，一动不动，我摸了一下鲍曼，他毫无反应，呼吸也停止了，但身上毫无伤口，嘴里却含有什么东西……"

由于鲍曼活不见人，死不见尸，所以，纽伦堡军事法庭只得将鲍曼进行缺席审判。

鲍曼到底是死是活？

这是一个至今无法解开的谜。

事实上，确实有不少法西斯分子，成功地逃跑了。他们或者是到了南美，或者是到了其他地方，不但逃脱了审判，而且过着悠闲自在的生活。

No.3 维持正义的判决

1946 年 9 月 30 日，长达 248 天的审判进入了高潮。这一天，纽伦堡军事法庭宣读了长达 250 页的判决书。

被告席上的人坐着听适应他们的四条起诉理由：共同策划或密谋发动侵略罪；破坏和平罪；战争罪；违反人道罪。摄影机在转动着，照相机在喀嚓喀嚓地响，荧光闪闪，映得被告席上的人们脸上出现死人般的青白色。

劳伦斯爵士说："被告赫尔曼·戈林，是仅次于阿道夫·希特勒的发动侵略战争的推动力量。"戈林创立了"盖世太保"的集中营，后来把他们交给了希姆莱。他签署了最残酷的反犹太人令。"他指示希姆莱和海因里希在欧洲的德国势力范围内彻底解决犹太人问题。"而且，劳伦斯博士还补充道，他是个盗贼。

戈林的制服很干净，但脑袋下垂着，头发梳得很整齐，在劳伦斯讲话时，他把一只拳头伸进下颚摩擦着。劳伦斯下结论说，根本谈不上什么减刑，法庭认为赫尔曼·戈林在所起诉的四条理由上的罪名都成立。

鲁道夫·赫斯在劳伦斯宣布对他的判决时，拒绝戴上耳机，还在座位上前后摇摆。法官说道，此人行为确实反常，有记忆失误的毛病，但是没有任何迹象表明他不了解法庭对他起诉的性质或者不能为自己辩护。尽管如此，他没有参加过德国的肉体消灭丑行，因此法庭认为他没有违反人道罪。然而赫斯是纳粹集团的元老之一，地位仅仅次于希特勒和戈林。他还签署了使捷克和波兰解体的命令。赫斯在起诉理由的一、二条有罪，即密谋侵略和破坏和平罪。

在记者席上，《新闻周刊》的记者詹姆斯·奥唐奈草草记下来他对一个被告的印象："里宾特洛甫……是被告席上形态最差的一个……看上去就像绞索已经套在他的脖子上汗流浃背。"法庭认为，里宾特洛甫的四项罪名全部成立。

当念到凯特尔的名字时，这位陆军元帅像个军校生坐得笔挺。法官读到："所犯罪行是如此骇人听闻，罪行是如此累累，即使对一个军人来说，执行上级命令也不能考虑减刑。"

卡尔登勃鲁纳皱着眉头显出他那刽子手惯有的怒容。法官读到，并且证明："他也曾经看到囚犯们被以不同的方式处死：绞死、射杀、毒气……"他被认为在起诉理由第三和

第四条上有罪。

尼吉钦科宣读对罗森堡的判决书："他在西方攫取了 21903 件艺术品"、"掠夺东部占领区的原材料"、"清洗占领区的犹太人"。四罪全部成立。

汉斯·弗兰克带着律师追踪奇案的好奇心倾听比德尔宣读对他的判决，开头很不错，"指控弗兰克的大部分罪恶计划是通过警察执行的。弗兰克在权限上同希姆莱有纠葛……希特勒在解决许多这些争执时都偏向希姆莱……有些罪恶的政策并不是由弗兰克首创的，这一点也可能是真实的。"比德尔继续念道，"但是，当他接任波兰总督时，弗兰克曾经说，'波兰要成为德意志帝国的奴隶'。"比德尔继续念道，该被告在每一项血腥政策上都予以合作。当他接任波兰总督时，那里有 250 万波兰犹太人。当他离开时，只剩下 10 万了。在起诉理由第三、第四条上有罪。

呆滞的弗兰克曾一度担任内政部长，此人张罗着解决了希特勒的德国公民资格问题。在四条罪中他犯了三条。

当劳伦斯博士继续宣判时，施特赖歇尔慢慢地嚼着口香糖。判决援引《冲锋队员》周刊上的一些段落。法官说："施特赖歇尔煽动谋杀和种族灭绝，很清楚，这构成了基于政治和种族原因的迫害……犯了违反人道罪，犯了第四条罪状。"

当尼吉钦科恢复了对藏在德国国家银行保险箱里装满金牙的钢制盒子的印象时，瓦尔特·丰克几乎瘫在被告席下面。但是"丰克在他参与执行的各项计划中从来不是重要人物"，法官的话暗示可以减刑，尽管丰克被认为在三条罪状上都有罪。

当多纳迪阿·德瓦布雷斯开始宣读邓尼茨的判决书时，这位海军元帅的前景看起来也更加光明。"法庭不准备因邓尼茨对英国武装船队发动潜舰战而给他定罪。他也不因命令击毙沉船幸存者而有罪。"法庭接受了尼米兹海军上将在证词中所持立场：德国海军在战争中的表现和美国海军没有什么区别。戈林转过身去对邓尼茨微微一笑。不过德瓦布雷斯并未念完。然而，邓尼茨设立了他的德国潜舰可以在其所在的区域击沉任何可以望得见的东西，这显然违反伦敦公约中关于海战的规定。听到这里，邓尼茨怒形于色。他使得部分大西洋变成沉船区；而美国则把整个太平洋都变成沉船区。这位法国法官继续宣读。邓尼茨同样执行了"突击队命令"，并试图使用集中营中的劳工来建造船只。他在罪状第二和第三条上有罪。他的前任，身为海军总司令的雷德尔海军元帅，在罪状第一、第二和第三条上被判有罪。

就在前几天，比德尔收到一封巴尔杜尔·冯·席拉赫的妻子亨利艾塔写来的信，是用英文写的，"我们的孩子热爱美国，那是他们祖父母的祖国。他们对于那里的冰淇淋和华特·迪斯尼电影有着美国好快乐的幻想。他们熟悉那里的国旗和历史就像熟悉他们自己国家的国旗和历史。但是现在，难道要我去告诉我的孩子就是这个美国让你们的父亲在人所料想不到的最不光彩的状态下死去的吗？"比德尔在宣读判决书时，完全可以理直气壮地反问，在被席拉赫运往东方的6万犹太人中有多少儿童也曾经梦想过冰淇淋和迪斯尼电影？不过，这个人很轻浮懒散，还不足以给他定为主要的共谋者。法庭认为他犯有第四条罪状，即违反人道罪。

比德尔读道："绍克尔争辩说，他对执行奴役劳工计划方面的过火行为不负有责任。他说要获得的劳工的总数是由工业和农业的需要所决定……他作证说，只要他有权，他就

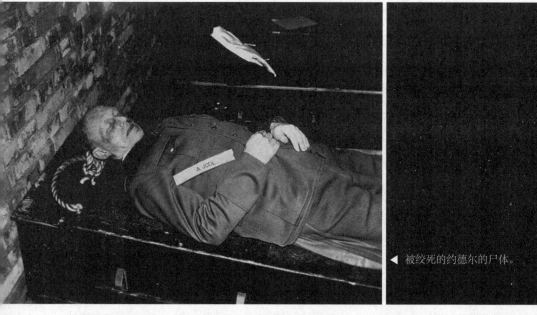

▲ 被绞死的约德尔的尸体。

不断地敦促给予人道待遇……但是，毫无疑问，"法官继续说，"绍克尔对这一奴役劳工计划负有全部责任，他曾在残酷和困苦不堪的条件下执行这一计划。"犯有罪状第三条和第四条。

约德尔坐在被告席上，法庭由德瓦布雷斯详细叙述他在起草侵略战争计划罪和传达"突击队命令"以及"政委令"上犯下的罪行。法官最后说："他不能在所谓军人应不惜一切代价地予以服从的骗人鬼话的背后来掩盖自己。"约德尔在所有四条罪状上都有罪。

手持一块整整齐齐的白手帕的康斯坦丁·冯·诺伊拉特是外交部长里宾特洛甫的前任，他曾经帮助纳粹上台，并在驻扎在捷克的党卫军送交给他的屠杀令上无精打采地签了字，法庭得出结论，四条罪状都成立。

对于执行这一劳工计划并不负有直接的行政责任……他对绍克尔没有获得行政控制权……他与实施奴役劳工计划中出现的暴行没有直接关系……他冒着相当大的个人危险……反对希特勒的焦土政策。"斯佩尔在第三第四条罪状上有罪。但是奴役五百万外国劳工的主要责任落到了绍克尔的肩膀上。如果提出什么轻于死刑的判刑,斯佩尔就有理由抱有希望。

马丁·鲍曼缺席,被审判死刑。

下午 1 时 45 分,劳伦斯爵士宣布休庭。午饭后,他们将开会研究判刑之事。

下午 2 时 50 分,法官室的门开了,杰弗里·劳伦斯爵士出现在门口。他点头示意,其余人便各就各位。同时,赫尔曼·戈林由左右两名头戴钢盔的士兵押送着,从被告席后

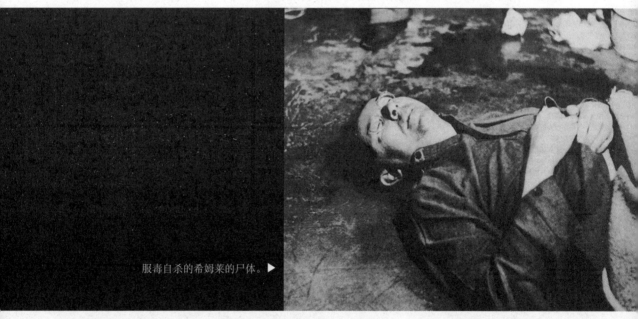

服毒自杀的希姆莱的尸体。▶

有教授头衔的塞斯·英夸特作为德国在荷兰的最高统治者,杀死了 6 万名荷兰犹太人,他被宣布在四条罪状中犯有三条。

杰克逊看着斯佩尔,此人通常很沉着冷静,此时看起来受着煎熬,脸上起了一片疙瘩。杰克逊认为,如果他能宣判一个被告无罪,那么就是此人。比德尔在宣布:"斯佩尔从事的种种活动并不等于是……筹划侵略战争。"在第一、第二条上无罪。至于对士兵和平民的暴行,"斯佩尔知道,当他对绍克尔提出要求时,这些需求将由强制服役的外国劳工来补充……他把集中营的劳工用于他自己控制的工业。"他在军事工业中使用苏联战俘,看来违反了《日内瓦公约》。

对艾雷·尼夫来说,法庭似乎认为斯佩尔与绍克尔同罪。但法庭宣布:"斯佩尔本人

面的滑动门进来。尽管扑了粉，戈林还是像死人一样脸色苍白。劳伦斯博士开始宣读："被告戈林，根据对你定罪的刑事起诉书的罪状，国际军事法庭判处你——"念到此处，戈林向劳伦斯招手要他停止讲。他说，他的耳机不出声了。两个美军技术人员冲向被告席。劳伦斯失望地看着：人们努力下了决心惩处这些人，不料庄严的场面却被一段出了错的电线给破坏了。戈林表示一切正常了。劳伦斯又开始读："国际军事法庭判处你绞刑。"戈林面无表情地摘下耳机，转身就走，接着便进了电梯，无影无踪了。

鲁道夫·赫斯漫不经心地摇晃着，两眼盯着天花板，再次拒绝戴耳机。"法庭判处你无期徒刑"，劳伦斯爵士宣布。尼吉钦科手指着一休庭他就打算向新闻界发表的一份万言意见书。他在文中不承认对赫斯无期徒刑的判决，尽管他投了赞成票。他的莫斯科太上皇难以理解法官室里达成的那一交易——不过投票是秘密的，而他这份措辞激烈的不同意见书可能回去以后保得住自己的脑袋。他在不同意见书中辱骂几起无罪开释案，尤其是沙赫特的无罪开释。文中争辩说，资本家同意负担侵略战争的费用，而沙赫特就是最典型的资本家。

当劳伦斯宣布判处阿希姆·冯·里宾特洛甫绞刑时，这个人猛地瘫倒，就像一具僵尸坠地。

威廉·凯特尔听到他的死刑判决后，粗鲁地点了一下头，好像刚刚接到一个命令的下属。

"Toddurchden Strang"（绞刑），卡尔登勃鲁纳通过耳机听到了判决。同样的命运落到了阿尔弗德雷·罗森堡头上。当9月10日晚上比德尔上床睡觉的时候，罗森堡的命运还掌握在他的手中。第二天早上，他投了定他罪的一票。

汉斯·弗兰克行动起来像个梦游者，他走上前来的时候重重地撞在被告席的椅子上。他听到自己的死刑判决，伸出双手，一声不吭地哀求着。

威廉·弗里克听到同样的判决，却无动于衷。

尤利乌斯·施特赖歇尔几乎是疾步向前跑，他叉开双腿，翘起下巴，"Toddurchden Strang"（绞刑），这是沃尔夫·弗兰克通过翻译电路翻译的。

死亡名单终于中断了。瓦尔特·丰克与海军元帅雷德尔被判无期徒刑，海军元帅邓尼茨被判处十年徒刑。

亨利艾塔·冯·席拉赫与海因里希·霍夫曼围聚在证人厅的收音机旁，以收听关于这一审判的广播。亨利艾塔在听到对她丈夫的审判时，抓住了父亲的手。"法庭判你20年徒刑"，劳伦斯法官说。亨利艾塔哭了，跳起来拥抱她父亲，"他还要活下去，不管判什么刑都可以，只要不送命。"

剩下的被告站在地下室,看着已经被判刑的几个人戴着手铐离开电梯,有的人一言不发,有的人则诅咒着对他们的判决。和他的身份一样的两个人，沙赫特与巴本获得释放壮大了斯佩尔的胆子。他看着弗里茨·绍克尔进了电梯，不到一分钟又回来了，脸上的表情就像一只受惊的动物。斯佩尔听到一个卫兵谈到对绍克尔的判决，说的是"死刑"。再有三名被告，就该轮到斯佩尔了。

约德尔将军听到他的死刑判决后，扯下耳机，昂首阔步地走了进去。康斯坦丁·冯·诺伊拉特被判了 15 年徒刑，阿图尔·塞斯·英夸特被判处死刑。

斯佩尔走进电梯，弗朗西丝·比德尔一看见他就不禁愁上眉头。在那个不眠之夜，斯佩尔的命运同样掌握在他的手中。对斯佩尔的死刑表决维持在 2:2 的局面，比德尔和尼吉钦科赞成死刑。比德尔最后得出结论，阿尔贝特·斯佩尔耳软心活，脱离实际而且倾向于英雄崇拜。于是第二天早上，他变动了他那一票。劳伦斯爵士宣布："法庭判你 20 年徒刑。"

电梯下降的时候，斯佩尔觉得仿佛是从地狱的边缘给救了回来。但是当冷冰冰的手铐扣住他的手腕并被押回牢房的时候，他的情绪开始变了。是的，事实真相和悔悟成功地击败了刽子手。但是 20 年呢？他还没有得到自由就成为一个老头子了。沙赫特和巴本被赦免了。谎言、遮身牌与隐瞒可能更有作用。

在宣判室中，去向不明的马丁·鲍曼被判处死刑。至此，过了 315 天，法庭的任务完成了，对战争罪行的审理结束了。

新闻席上顿时大吵大闹起来，记者们你推我挤，争相抢占电话和电报局。法院里是一派悲喜交集的景象：一个角落是人们彼此握手，相互拍背以示亲密，笑脸盈盈。另一角落却是人们带着阴惨惨的表情，无精打采的情景。杰克逊还未等到祝贺的人群向他拥上来就已瘫倒在座位上，脑子里思考着他们得到了什么成果。他们仅仅是一举击溃了一伙恶棍吗？还是他们为人类的文明做了贡献？他们有没有让未来的侵略者注意？还是说好斗的人类仍未吸取任何教训？

评审团还未摸到头绪。

图书在版编目（CIP）数据

攻克柏林 / 二战经典战役编委会编译 . -- 北京：
中国铁道出版社，2015.7（2022.1重印）
（时刻关注）
ISBN 978-7-113-20512-6

Ⅰ．①攻… Ⅱ．①二… Ⅲ．①柏林战役（1945）－通俗读物 Ⅳ．① E195.2-49

中国版本图书馆 CIP 数据核字（2015）第 122269 号

书　　名：攻克柏林	
作　　者：二战经典战役编委会	
责任编辑：田　军	电　话：(010) 51873005
编辑助理：郝玉敏	
装帧设计：艺海晴空	
责任印制：郭向伟	

出版发行：中国铁道出版社有限公司（北京市西城区右安门西街 8 号　邮编 100054）

印　　刷：永清县晔盛亚胶印有限公司

版　　次：2015 年 7 月第 1 版　　2022 年 1 月第 3 次印刷

开　　本：787mm×1092mm　1/16　印张：11　字数：250 千

书　　号：ISBN 978-7-113-20512-6

定　　价：39.80 元